INHALTSVERZEICHNIS

INHALTSVERZEICHNIS

VORWORT

„Jedes Kind ist anders.
Darin sind sich alle gleich."

Viel zu lange hat sich die Schule dieser Einsicht verweigert. Stattdessen setzte man auf ein System fortgesetzter Sortierung und Selektierung, um sich so eine möglichst gleichförmige Schülerschaft heranzuziehen. Heute wissen wir, dass dieses Unterfangen gescheitert ist. Jedes Kind ist anders – auch an den Schulen, an denen man noch am ehesten eine homogene Schülerklientel vermutet hätte. Guter Unterricht muss deshalb akzeptieren, dass er es mit heterogenen Lerngruppen zu tun hat und dass er der besonderen pädagogischen Situation jedes einzelnen Schülers* Rechnung tragen muss. In der inklusiven Schule kann man solchen Realitäten nicht ausweichen. Dazu sind die Unterschiede innerhalb einer Klasse viel zu augenfällig, ist der Differenzierungsbedarf hier einfach übermächtig.

Dem vorliegenden Band geht es nicht nur um das Lernen in inklusiven Klassen – sondern ganz generell um den pädagogischen Umgang mit Verschiedenheit. Jeder junge Mensch verfügt über bestimmte Talente, interessiert sich für bestimmte Themen und lernt nach bestimmten Methoden. Und genau darin unterscheidet er sich von den anderen. Der Deutschunterricht kann diesen Unterschieden nur gerecht werden, indem er den Schülern ein differenziertes Angebot unterbreitet. „Deutsch inklusiv" macht dazu Vorschläge, die von jeder Lehrkraft übernommen, abgewandelt, verfeinert – oder abgelehnt werden können. Betrachten Sie das vorliegende Buch deshalb nicht als Entwurf eines geschlossenen Systems, sondern eher als einen Steinbruch, in dem Sie sich nach Herzenslust bedienen können.

Gegliedert ist es nach einem anfänglichen Überblick über die zahlreichen möglichen Besonderheiten Ihrer Schüler nach den **verschiedenen Möglichkeiten der Differenzierung,** beispielsweise also nach unterschiedlichen Themen, unterschiedlichem Aufwand, unterschiedlichem Schwierigkeitsgrad etc. Innerhalb der Kapitel finden Sie dann jeweils eine Auswahl an **Methoden,** die sich besonders für heterogene Klassen eignen. Illustriert werden diese schließlich durch **zahlreiche Unterrichtsbeispiele,** die ganz konkret auf die curricularen Anforderungen des Deutschunterrichts zugeschnitten sind – von der „Fabelhaften Welt der S-Laute" bis zur „Literatur der Barockzeit". Dabei sind diese zum einen so exemplarisch, dass sie das Prinzip aufzeigen und man dieses anschließend leicht auf andere Gruppen, andere Inhalte übertragen kann. Andererseits sind sie so ausgereift, dass Sie sie schon morgen an passender Stelle in Ihrer Klasse umsetzen können. Darum liegen die Texte zu den Beispielen auch auf der beiliegenden CD vor. Wann immer Sie das CD-Icon sehen, befindet sich eine entsprechende Vorlage auf dem Datenträger. Die Zahl verweist auf die Nummerierung in den Dateinamen der Vorlagen.

Wenn Sie sich von einem bestimmten Thema des Lehrplans her leiten lassen, können Sie sich über die Tabelle am Ende des Buches durch die verschiedenen Themen „navigieren".

In allen Bundesländern steht die Forderung nach einer inklusiven Schule inzwischen ganz oben auf der bildungspolitischen Agenda. Die Bilanz des renommierten Inklusionspädagogen Hans Wocken aber fällt ziemlich ernüchternd aus: „Die Stützpfeiler der inklusiven Schule stehen. Aber mit der Innendekoration sind wir noch ganz am Anfang."[1] Hier will „Deutsch inklusiv" ansetzen. Erwarten Sie deshalb kein gedankenlastiges Theoriegebäude, sondern eher konkrete Einrichtungsvorschläge. Denn Ihre Schüler sind nicht nur auf die Stützpfeiler angewiesen, die das Haus des inklusiven Lernens tragen – sondern auch auf ein Ambiente, in dem es sich abwechslungsreich und lustvoll lernen lässt.

* Aus Gründen der besseren Lesbarkeit haben wir in diesem Buch durchgehend die männliche Form verwendet. Natürlich sind damit auch immer Frauen und Mädchen gemeint, also Lehrerinnen, Schülerinnen etc.

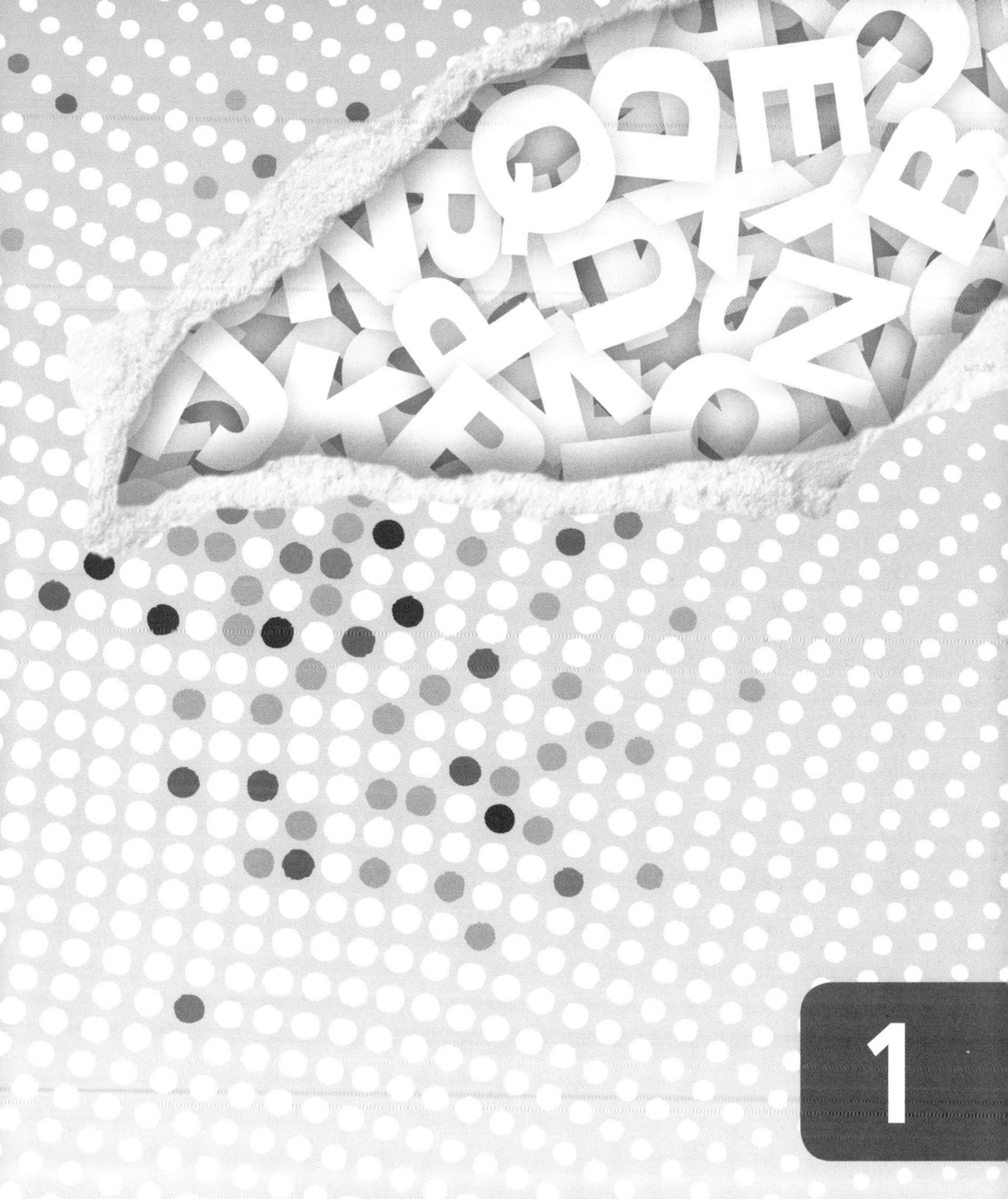

1

Theorie und Praxis des inklusiven Lernens

1. AUF DEM WEG ZUR INKLUSIVEN SCHULE

Der 26. März 2009 wird als der Tag einer Zeitenwende in die Annalen der Schulpädagogik eingehen. Von der politischen Öffentlichkeit fast unbemerkt, trat die Bundesrepublik Deutschland an diesem Tag nämlich der Konvention der Vereinten Nationen über die Rechte Behinderter bei. Auch der Pädagogenszene war damals nicht bewusst, wie nachhaltig dieser Schritt die deutsche Schullandschaft verändern würde. Im Jargon diplomatischer Verbindlichkeit heißt es in Artikel 24 der Konvention: *„Die Vertragsstaaten anerkennen das Recht von Menschen mit Behinderungen auf Bildung. Um dieses Recht ohne Diskriminierung und auf der Grundlage der Chancengleichheit zu verwirklichen, gewährleisten die Vertragsstaaten ein inklusives Bildungssystem auf allen Ebenen und Lebenslagen".*[2]

Wem das noch zu allgemein und unverbindlich ist, der findet wenige Sätze später einen recht konkreten Hinweis, wie dieses Recht nach dem Willen der Vereinten Nationen umzusetzen wäre. Hier stellen die Vertragsstaaten nämlich klar, dass *„Kinder mit Behinderungen nicht (…) vom unentgeltlichen und obligatorischen Grundschulunterricht oder vom Besuch weiterführender Schulen ausgeschlossen werden."*[2]

Neu im Text der UN-Konvention ist zunächst ein Begriff, mit dem bis dahin nicht einmal der DUDEN etwas anfangen konnte. Noch in einer Ausgabe aus dem Jahr 2006 wird das Adjektiv „inklusiv" nicht einmal erwähnt.[3] Und es wird noch einige Zeit dauern, bis Bildungspolitiker und Erziehungswissenschaftler mit der neuen Begrifflichkeit endlich ihren Frieden geschlossen haben. Viele von ihnen halten die Termini „Integration" und „Inklusion" immer noch für austauschbar – und dieses Missverständnis wird den Diskurs über das gemeinsame Lernen von Schülern mit und ohne Behinderung noch lange belasten. Ursprünglich war in Artikel 24 der UN-Behindertenkonvention auch noch von einem „integrativen Bildungssystem" die Rede – ein Übersetzungsfehler, der der allgemeinen Verwirrung über die richtigen Begriffe geschuldet ist.

Von **Integration** spricht man, wenn beide Gruppen zwar in einem Klassenzimmer gemeinsam unterrichtet werden – wenn sich durch dieses aber eine unsichtbare Demarkationslinie zieht. Denn Lehrkräfte wie Schüler wissen jeweils sehr genau, wer zu den Behinderten und wer zu den Nicht-Behinderten gehört. Diese Zuweisung macht sich an einzelnen Handicaps fest: So ist Max nicht einfach Max, sondern „der Junge mit dem Down-Syndrom"; und Marie wird nicht wie ein ganz normales Mädchen behandelt, sondern als „unsere sehbehinderte Mitschülerin" geführt.

Damit werden die behinderten Schüler in eine bestimmte Schublade gesteckt, bleiben sie für alle Zeiten auf ihr Handicap reduziert. In den integrativen Klassen wird die friedliche Koexistenz von behinderten und nicht-behinderten Schülern praktiziert, ohne dass sich diese einer solchen Kategorisierung entziehen könnten.

Demgegenüber geht das Programm der pädagogischen **Inklusion** von der Einzelpersönlichkeit des Schülers aus – und das ohne jede voreilige Etikettierung. Jeder Schüler wird hier als ein Mensch behandelt, der über bestimmte Stärken und Schwächen verfügt und der jeweils so gefördert wird, wie es seine persönliche Situation verlangt. Max ist dann wirklich Max: nämlich ein Junge, der sich gerne kreativ betätigt und gut mit anderen zusammenarbeitet. Vielleicht aber auch ein Schüler, der sich nur schwer konzentrieren kann und viel zu schnell aufgibt. Und Marie ist dann wirklich Marie: eine Schülerin, die ihre Aufgaben umsichtig und selbstständig angeht, der aber ihr übergroßer Ehrgeiz manchmal einen Streich spielt. Damit wird das Zwei-Klassen-System überwunden, das immer noch die Situation mancher integrativer Einrichtungen bestimmt. Denn die Inklusion nimmt jeden Schüler mit – weil es in der Schule wie im Leben ganz normal sein sollte, verschieden zu sein.

Gerade die betroffenen Eltern wissen zu schätzen, welcher Sprengsatz sich hinter der feierlichen Semantik der UN-Konvention über die Rechte Behinderter verbirgt. Viele von ihnen hatten bis dahin nichts unversucht gelassen, um ihren Kindern den Besuch einer Regelschule zu ermöglichen: Sie hatten sich an die Schulämter gewandt, hatten die Parlamente bemüht und schließlich sogar die Gerichte angerufen – bis ihre Kinder endlich in der nächstgelegenen Grundschule aufgenommen wurden. Mit ihrem Beitritt zur UN-Konvention stellt die Bundesrepublik klar, dass jedes Kind Anspruch auf den Besuch einer Regelschule hat. Mehr noch: Deutschland verpflichtet sich, sein Schulsystem auf die Bedingungen des inklusiven Lernens hin auszurichten.

Die betroffenen Eltern hatten auch darunter zu leiden, dass ihre Kinder jeweils auf die Summe ihrer Defizite reduziert wurden. Ob ein Kind eine Sehbehinderung, eine Sprachstörung oder eine Entwicklungsverzögerung hatte, zählte da mehr als Temperament und Charakter. Und noch vor dem ersten Schultag wurden solche Kinder als „behindert" oder „benachteiligt" eingestuft – eine Stigmatisierung, die ihre Schullaufbahn von vornherein belastete. So sieht das Bayerische Schulrecht vor, dass behinderte Kinder in sieben unterschiedliche Kategorien eingeteilt werden – mit denen sich deren wahre Neigungen und Begabungen aber gar nicht erfassen lassen. Die betroffenen Kinder landen dann in Einrichtungen mit den Förderschwerpunkten

- Lernen
- Sehen
- Hören

➡ Sprache

➡ körperliche und motorische Entwicklung

➡ geistige Entwicklung

➡ emotionale und soziale Entwicklung.[4]

Jede Lehrkraft könnte aus ihrer pädagogischen Erfahrung heraus Schüler nennen, deren Probleme durch das Raster einer solchen Kategorisierung fallen würden – und bei denen dennoch ein sonderpädagogischer Förderbedarf besteht. Dazu gehören Kinder, bei denen AD(H)S festgestellt wurde, oder solche, die mit Legasthenie belastet sind. Hochbegabte Schüler hätten ebenso Anspruch auf eine besondere Förderung wie Schüler mit Autismus oder mit psychischen Krankheiten. Und auf den Umgang mit Dyskalkulie oder Magersucht, mit Spezialbegabungen oder Wahrnehmungsstörungen sind unsere Fördereinrichtungen ohnehin nicht vorbereitet. Solche Beispiele zeigen, dass bisher alle Versuche gescheitert sind, Kinder mit besonderen Stärken und Schwächen isoliert zu unterrichten. Sie zeigen aber auch: Jede Schulklasse stellt sich heute als eine **vielfältige Begabungslandschaft** dar, die sich jeder Kategorisierung und damit auch jeder Etikettierung entzieht. Deshalb bleibt den Schulen oft gar nichts anderes übrig, als sich auf die Praxis des inklusiven Lernens einzulassen, wenn sie allen Schülern gerecht werden sollen. Die Schüler werden hier nicht nur gemeinsam unterrichtet. Diese Gemeinsamkeit schlägt hier auch stärker durch als alle Unterschiede und Abweichungen.

Inzwischen hat sich auch die Politik der Forderung nach einem inklusiven Bildungssystem angeschlossen. Dabei dürften aber weniger humanitäre oder pädagogische Motive ausschlaggebend gewesen sein als die vermeintliche Aussicht auf mögliche Einspareffekte. Die Öffnung der Regelschule für Schüler mit Behinderungen sollte aber keinesfalls ein Beitrag zur Subventionierung der Staatsfinanzen sein. Damit die angestrebte Inklusion gelingt, muss auch die pädagogische Qualität stimmen – und diese Qualität hat nun einmal ihren Preis. Wir Lehrkräfte wissen am besten, welche Voraussetzungen erfüllt sein müssen, damit von einer inklusiven Schule auch wirklich alle Kinder profitieren. Zu diesen Voraussetzungen gehört, dass

➡ die **Schulhäuser** so **umgerüstet** werden, dass sie von allen Schülern besucht werden können. So müssen hier Rampen und Aufzüge für die Rollstuhlfahrer eingebaut und für die seh- und hörbehinderten Schüler alle medialen Barrieren beseitigt werden.

➡ die **Lehrerausbildung** den Anforderungen des inklusiven Lernens angepasst werden muss. Die angehenden Lehrkräfte haben ein Recht darauf, sich in der sonderpädagogischen Theorie und Praxis kundig zu machen. Und sie müssen lernen, wie sich die Prinzipien der Differenzierung und Individualisierung in der Praxis des Unterrichtens umsetzen lassen.

➡ jede inklusive Klasse von einem **zweiköpfigen Team** betreut werden muss, in dem eine Lehrkraft mit einem Sonderpädagogen, Heilpädagogen, Erzieher oder Sozialpädagogen zusammenarbeitet. Nur so ist gewährleistet, dass die besonders belasteten Kinder nicht einfach nur mitgeschleift, sondern ihren Möglichkeiten und Bedürfnissen entsprechend gefördert werden. Die stundenweise Arbeit mit diesen Schülern durch sonderpädagogische Fachkräfte ist dafür kein Ersatz.

Darüber hinaus verlangt ein inklusives Bildungssystem auch eine andere Schulstruktur: Hier genügt es nicht, die bestehenden Sonderschulen und Förderzentren auszudünnen. Notwendig wäre vielmehr, das Nebeneinander unterschiedlicher Schularten in der Sekundarstufe I zu überwinden. Wenn in der Regelschule künftig auch lernschwache, körperbehinderte, entwicklungsverzögerte oder verhaltensauffällige Kinder lernen sollen, macht die Aufteilung in Hauptschule, Realschule und Gymnasium keinen Sinn. Die inklusive Schule ist deshalb nur als **eine „Schule für alle"** denkbar, in die die unterschiedlichen Schularten eingehen und in denen nach dem Prinzip der Binnendifferenzierung gelernt wird. So sieht das auch die Initiative „Länger gemeinsam lernen": „Eine gemeinsame Schule für alle muss eine Schule sein, die Verschiedenheit respektiert und nicht von allen das Gleiche verlangt, sondern jedes einzelne Mädchen und jeden Jungen in seiner Gesamtentwicklung unterstützt".[5]

2. LERNEN IN HETEROGENEN GRUPPEN

Die Forderung nach einer inklusiven Pädagogik ist auch deshalb so aktuell, weil eine Aufteilung der Schüler auf unterschiedliche Einrichtungen und Schulen nicht länger zu rechtfertigen ist. Lange Zeit hielt man an dieser Aufteilung fest, weil man auf diesem Wege möglichst homogene Lerngruppen schaffen wollte: Die Hauptschule sollte alle praktisch begabten Kinder aufnehmen, das Gymnasium alle theoretisch interessierten Kinder und die Sonderschule alle Kinder mit besonderem Förderbedarf. Heute wissen wir, dass alle diese Versuche einer äußeren Differenzierung gründlich gescheitert sind: Inzwischen streben auch praktisch begabte Schüler einen höheren Abschluss an – wenn sie von der Grundschule eine entsprechende Empfehlung erhalten. Und Schüler mit besonderem Förderbedarf finden sich inzwischen in jeder Gymnasialklasse. Statt homogener Lerngruppen finden wir Lehrkräfte in jeder Schulklasse ein Neigungs-, Verhaltens- und Interessengefälle vor, das es uns nahezu unmöglich macht, alle Schüler in gleicher Weise zu erreichen.

Viel zu lange hat die Schule am Mythos einer Klasse festgehalten, in der alle Schüler gleich begabt, gleich motiviert und gleich strukturiert sind. Und sie hat sich immer wieder neue Maßnahmen einfallen lassen – nur, um dieses tradierte Trugbild gegen alle Erfahrung und alle Vernunft zu verteidigen. Da wurden manche Kinder schon vor Beginn der gemeinsamen Schulzeit in Diagnose- und Förderklassen abgeschoben. Da wurden die Schüler nach der vierten Klasse auseinandergerissen und auf unterschiedliche Schularten verteilt. Da wurden einzelne Schüler zu Sitzenbleibern gemacht, die eine ganze Jahrgangsstufe wiederholen mussten. Und da wurden zahlreiche Förderkurse eingerichtet und Hilfsmaßnahmen aufgelegt – damit auch Schüler mit Leistungsproblemen den Anschluss nicht verlieren. Alle diese Maßnahmen verfolgten nur das eine Ziel, das der große Comenius der Pädagogik bereits im 17. Jahrhundert vorgegeben hatte: ein Lernen im Gleichschritt zu ermöglichen. Der Hintergedanke: Eine Klasse von Gleichen kann sich mit den gleichen Inhalten und Methoden beschäftigen; hier sind sich die Schüler auch hinsichtlich ihrer Auffassungsgabe und ihres Arbeitstempos gleich. Und deshalb lässt sich eine homogene Lerngruppe auch mit pädagogischer Einheitskost abspeisen – so die Kalkulation der Schulmeister. Das Problem ist nur, dass sich so viel Gleichheit nirgendwo findet – und dass wir es inzwischen überall mit heterogenen Klassen zu tun haben.

Inklusion beginnt also nicht erst dort, wo sich die Regelklasse Schülern mit Behinderungen öffnet. Sie findet schon da statt, wo wir Lehrkräfte die Unterschiede zwischen den Schülern ernst nehmen und auf deren individuelle Stärken und Schwächen eingehen. Dass dann womöglich auch Schüler zu uns stoßen, die früher eine Sonderschule oder ein Förderzentrum besucht hätten, bedeutet eine nur noch graduelle Veränderung. Wo wir es im Klassenzimmer mit unterschiedlichen Persönlichkeiten zu tun haben, müssen wir inklusiv arbeiten. Das gilt für die Schule im Allgemeinen, gilt aber auch für den Deutschunterricht im Besonderen. Die folgende Skizze einer fiktiven Schulklasse zeigt, auf welches Ausmaß an Verschiedenheit wir Deutschlehrer uns hier einzulassen haben – und wie viel Heterogenität uns dabei zugemutet wird:

> •→ **Ayşe** kommt aus einer bildungsfernen Familie und kann deshalb zu Hause weder auf Bücher noch auf Zeitschriften zurückgreifen.

> •→ **Benno** hat ein schlechtes Gedächtnis. Er vergisst schnell, was er irgendwo gelesen oder gehört hat.

> •→ **Charlotte** wurde vom Schulpsychologen als „hochbegabt" eingestuft. Sie formuliert Texte in viel kürzerer Zeit als ihre Mitschüler.

> •→ **Dimitri** ist sehbehindert und tut sich mit dem Lesen entsprechend schwer.

> •→ **Erkan** ist ein Junge – und wie für viele andere Jungen ist für ihn das Lesen nur vergeudete Zeit.

→ **Frauke** hat eine Lese- und Rechtschreibschwäche und braucht deshalb für das Lesen einfach länger als andere.

→ **Georgios** ist ein kommunikativer Lerntyp, der in der Partner- und Gruppenarbeit erst so richtig aufblüht.

→ **Hans** stammt aus einer Familie, die von Hartz IV lebt. Dort steht Kultur hinten an, denn das Geld reicht für andere Dinge kaum aus.

→ **Irene** ist ein sehr kreatives Mädchen. Deshalb ist sie erst in der Schreibwerkstatt so richtig in ihrem Element.

→ **Jeanette** hat eine Wahrnehmungsstörung und bekommt deshalb von dem, was in der Klasse vorgelesen oder vorgetragen wird, kaum etwas mit.

→ **Kevin** ist Autist und entzieht sich allen kommunikativen Übungen – und meistens auch der Gruppenarbeit.

→ **Linda** ist ein Mädchen, das viel und gerne liest. Deshalb beherrscht sie die Rechtschreibung, auch ohne eine einzige Regel zu kennen.

→ **Mustafa** ist eine extrovertierte Persönlichkeit. Das kommt ihm vor allem bei Referaten und Präsentationen zugute.

→ **Nick** ist ein Computerfreak. Wenn es im Unterricht um Textverarbeitung oder Internet-Recherche geht, langweilt er sich nur.

→ **Orhan** leidet unter ADHS und bringt deshalb nicht die Geduld für längere Texte oder ausführliche Diskussionen mit.

→ **Peter** hat emotional-soziale Probleme und tut sich u.a. mit der Gruppen-arbeit schwer.

→ **Quirin** lebt auf dem Land. Und hier scheint man ganz ohne Fremdwörter auszukommen. Denn mit ihnen steht Quirin auf Kriegsfuß.

→ **Robert** stammt aus einer Aussiedlerfamilie und spricht daher mit einem starken Akzent. Das belastet seine Vortragskünste.

→ **Sezer** ist im Alter von sieben Jahren mit ihren Eltern hier eingewandert. Deshalb verfügt sie nur über einen begrenzten Wortschatz.

→ **Tina** ist Legasthenikerin, bringt in der Rechtschreibung manches durcheinander.

→ **Umberto** ist sehr schüchtern. Er gerät ins Stottern, wenn er der Klasse etwas vorzuspielen oder vorzutragen hat.

→ **Viola** ist ein Kind taubstummer Eltern. Ihr Sprachvermögen ist deshalb deutlich unterentwickelt.

→ **Wenda** spricht zu Hause mit ihren Eltern Serbokroatisch. Deshalb tut sie sich mit dem Kasus im Deutschen so schwer.

→ **Xenias** Familie zählt zum Bildungsbürgertum. Das merkt man daran, dass sie regelmäßig ins Theater geht, zwei Instrumente lernt und sehr viel liest.

→ **Yüksel** hat eine Hörbehinderung und ist deshalb mit jedem Diktat überfordert.

→ **Zoe** hat einen Sprachfehler und versagt jedes Mal, wenn sie ihren Mitschülern etwas vorlesen soll.

Diese Auflistung kann dem einzelnen Schüler gar nicht gerecht werden. Denn hier wird jeder auf eine Stärke oder Schwäche reduziert, die im Deutschunterricht besonders zum Tragen kommt. Und doch hat dieser Blick auf eine fiktive Schulklasse gezeigt, dass unter solchen Voraussetzungen ein gemeinsamer Unterricht für alle Schüler zum Scheitern verurteilt ist.

Der einzige Ausweg, der den Lehrkräften angesichts solcher Umbrüche im Klassenzimmer bleibt: Sie müssen ihren Schülern ein **differenziertes Lernangebot** machen. Statt der pädagogischen Einheitskost früherer Generationen sollte ein Menü à la carte auf die Speisekarte des Deutschunterrichts gesetzt werden. Die Differenzierung im Klassenzimmer funktioniert dann, wenn sie alle Ebenen des Unterrichts erfasst. Zu einem differenzierten Lernangebot gehören deshalb

➡ unterschiedliche **Voraussetzungen** (weil auch Kinder aus bildungsfernen Familien nicht abgehängt werden dürfen),

➡ unterschiedliche **Themen** (weil die Motivation immer auch eine Frage des Inhalts ist),

➡ **unterschiedliche Lernwege** (weil jedes Kind anders lernt und jeder Lerntyp willkommen ist),

➡ unterschiedliche **Materialien** (weil sich nur so Kopf, Herz und Hand erreichen lassen),

➡ unterschiedliche **Zeitvorgaben** (weil nicht jedes Kind ein Schnelldenker ist),

➡ unterschiedliche **Schwierigkeitsgrade** (weil die kognitiven Möglichkeiten der Kinder stark differieren),

➡ unterschiedliche **Sozialformen** (weil die Kinder so voneinander lernen können).

Bisher sind alle Versuche fehlgeschlagen, die Schüler erst auf ihre Begabungssituation hin zu testen und sie dann bestimmte Aufgaben bearbeiten zu lassen. Denn damit ist für die Jugendlichen immer eine bestimmte Stigmatisierung verbunden. Ein Schüler mit geistiger Behinderung fühlt sich vorschnell abgestempelt, wenn er immer nur malen darf, während seine Mitschüler über komplexen Textarbeiten brüten. Deshalb sollte man auch diesem Schüler Wahlmöglichkeiten zugestehen. In Fachkreisen spricht man hier vom Prinzip der **Angebotsdifferenzierung**: Die Schüler können selbst entscheiden, welche Inhalte sie bearbeiten wollen, mit welchen Methoden dabei vorgegangen werden soll und welcher Schwierigkeitsgrad ihnen angemessen erscheint. Hinter dem Prinzip steckt die Erfahrung, dass die Schüler diese Wahlfreiheit in der Regel nicht missbrauchen und dass sich gerade die leistungsstarken Schüler nicht immer für den bequemsten Weg entscheiden. Wenn den Schülern die Wahl gelassen wird, sich innerhalb eines differenzierten Angebots jeweils nach Neigung und Vermögen zu entscheiden, verändert sich freilich auch die Rolle des Lehrers, wie auch Ingrid Ahlring feststellt: „In diesem Findungsprozess ist der Lehrer Beobachter und Berater – Schüler, die sich unterfordern, werden ermutigt, sich mehr zuzutrauen; Schüler, die immer wieder an ihren eigenen Ansprüchen scheitern, werden ermuntert, sich realistischer einzuschätzen."[6]

Damit eine solche Differenzierung des Lernens überhaupt funktionieren kann, muss das geltende Schulrecht entsprechend angepasst werden. Das bedeutet, dass das Prinzip der Lernzielgleichheit aufgegeben und die entsprechenden Bestimmungen in den Schulordnungen der Länder gekappt werden. Die Lernzielgleichheit verlangt nämlich, dass alle Schüler in der Lage sein müssen, dieselben Ergebnisse zu erreichen. Das aber ist in einer inklusiven Klasse nicht möglich. Hier können sich zwar alle Schüler mit den gleichen Inhalten beschäftigen – aber jeder eben nur im Rahmen seiner individuellen Möglichkeiten. Hier aber haben die Kultusminister ihre Hausaufgaben noch nicht überall erledigt.

Dabei ist eine Differenzierung des Unterrichts nicht ohne eine entsprechende **Individualisierung** denkbar: Einem differenzierten Angebot der Inhalte, Methoden und Sozialformen muss ein **individueller Förderplan** gegenüberstehen, der die nächsten Lernschritte festlegt und realistische Ziele skizziert. Ein solcher Förderplan kann zusammen mit der zuständigen Lehrkraft ausgearbeitet oder von den Schülern eigenständig erstellt werden. In diesem Sinne kann ein Schüler nach den Vorgaben eines Wochenplans arbeiten, sich bestimmte Kompetenzstufen vornehmen oder einen Lernvertrag mit sich selbst abschließen. In einer heterogen zusammengesetzten Klasse hat das tradierte System der Vergleichbarkeit keinerlei Berechtigung mehr. Umso wichtiger wird, dass sich die Schüler hier mit sich selbst vergleichen: Dass sie die eigenen Lernfortschritte reflektieren und sich selbst darüber klarwerden, woher sie kommen und wohin sie wollen. Solche Fragen lassen sich aber nur ganz individuell beantworten.

3. MEHR ALS LESEN UND SCHREIBEN

Mehr als jedes andere Fach ist der Deutschunterricht in den letzten Jahren unter Druck geraten. Und man könnte den Eindruck gewinnen: Immer wenn in der deutschen Bildungslandschaft etwas schiefläuft, wachsen die Erwartungen, die sich an das Fach Deutsch und an die zuständigen Lehrkräfte richten. So wurde der Deutschunterricht in die Pflicht genommen, als die internationale PISA-Studie den deutschen Schülern verheerende Leistungen im Lesen bescheinigte. Dass sich in den enttäuschenden Leseleistungen der Schüler auch der allmähliche Ausstieg unserer Gesellschaft aus der Schriftkultur niederschlägt, spielte dabei keine Rolle. Ähnlich verhält es sich, wenn die Bildungsdefizite von Migrantenkindern in immer neuen Studien offengelegt werden. Auch hier ist mit den Deutschlehrern rasch ein probater Sündenbock ausgemacht. Solchen Schuldzuweisungen schließt sich dann in der Regel die Forderung nach verstärkten Anstrengungen des Deutschunterrichts auf dem Gebiet der Sprachförderung an. Solche Forderungen lassen sich wohlfeil erheben, obwohl die beschriebenen Defizite doch weniger mit schulischen Versäumnissen als mit der gesellschaftlichen Desintegration von Migrantenfamilien zu tun haben.
Schließlich hat der gesellschaftliche Diskurs um die Mediatisierung jugendlicher Lebenswelten entsprechende Erwartungen an den Deutschunterricht formuliert: Um den Schülern eine Alternative zum allgegenwärtigen Medienkonsum anzubieten, haben wir Deutschlehrer uns hier in die Pflicht nehmen zu lassen. Wohl auch deshalb, weil wir überzeugt sind, unseren Schülern eine solche Alternative tatsächlich anbieten zu können.

Was auch immer dem Deutschunterricht an zusätzlichen Aufgaben angetragen wurde – er hat sich solchen Herausforderungen tapfer gestellt und seine Lernziele und Inhalte bereitwillig dem veränderten Bedarf angepasst:

1. So ist die **Leseförderung** inzwischen zu einer Schwerpunktaufgabe des Deutschunterrichts geworden. Schließlich hat uns schon die erste PISA-Studie aus dem Jahr 2000 daran erinnert, dass 55% der Jungen nur dann zu einem Buch greifen, wenn sie dazu gezwungen werden.[7] Da sich im Kontext von Pflicht und Zwang aber kein wirkliches Lesevergnügen einzustellen vermag, hat sich der Deutschunterricht vorgenommen, andere Zugänge zum Lesen zu eröffnen. Der Besuch in der Stadtbibliothek, die Lange Lesenacht oder das Werkstattgespräch mit einer Schriftstellerin gehören deshalb vielerorts zu den pädagogischen Standardangeboten. Und die wöchentliche Schmökerstunde hat an manchen Schulen bereits Eingang in den Wochenstundenplan gefunden. Dahinter steckt die sicherlich richtige Erkenntnis: Es ist wichtiger, die jungen Leute überhaupt zum Lesen zu brin-

gen, als sie literarische Texte klassifizieren, analysieren oder interpretieren zu lassen.

2. Daneben muss sich der Deutschunterricht dem Problem stellen, dass immer mehr **Schüler ohne ausreichende Deutschkenntnisse** eingeschult werden und dieses Handicap ihre gesamte Schulzeit belastet. In solchen Fällen ist die Schule stets darum bemüht, die aufgetretenen Probleme aus dem Regelunterricht herauszuhalten. Deshalb wollte man den sprachlichen Rückstand vieler Migrantenkinder zunächst durch Maßnahmen der äußeren Differenzierung auffangen: Für die betroffenen Schüler wurden eigene Förderkurse eingerichtet, sie bekamen eine freundliche Seniorin als Lesepatin zur Seite gestellt und ihren Müttern wurde mit „Mama lernt Deutsch" ein eigener Zugang zur deutschen Sprache eröffnet. Eine Bilanz solcher gut gemeinten Bemühungen aber zeigt, dass es nicht nur Migrantenkinder sind, die Probleme mit der deutschen Sprache haben – und dass deshalb der Deutschunterricht selbst dieses Problem in Angriff nehmen muss. Wir Deutschlehrer haben diese Herausforderung inzwischen angenommen. Und wir akzeptieren, dass auch von uns ein Beitrag zur Sprachförderung erwartet wird. So wie erst das Lesen die Voraussetzungen für den kritischen Umgang mit Literatur schafft, hat auch das Sprechen jeder analytischen Sprachbetrachtung vorauszugehen.

3. Außerdem ist die **Medienerziehung** inzwischen zu einer Schwerpunktaufgabe unseres Fachs geworden. Und hier haben wir Deutschlehrer zunächst einmal Aufklärungsarbeit zu leisten: Wir haben unseren Schülern vorzuführen, wie die medialen Wirklichkeiten inszeniert werden und welche Möglichkeiten zur Manipulation und Desinformation dadurch möglich sind. Wir haben ihnen aber auch zu vermitteln, dass es sich bei jedem Medium um ein Produkt handelt, mit dem Handel getrieben und Geld verdient wird. Darüber hinaus haben wir die Schüler zu einem verantwortungsvollen Medienkonsum anzuleiten. Wir haben ihnen vorzuführen, wie ein Eintauchen in die medialen Ersatzwelten zu einer Entfremdung von der Wirklichkeit führen und welche Gefahren eine allzu naive Präsenz in den sozialen Netzwerken heraufbeschwören kann. Wir stellen uns auch dieser Aufgabe, obwohl die Schüler oft viel besser über die technischen und kommunikativen Möglichkeiten der medialen Zivilisation informiert sind als wir selbst.

4. Schließlich sind es die anderen Fächer, durch deren Begehrlichkeiten der Deutschunterricht unter Zugzwang geraten ist. Diese haben inzwischen eingesehen: Angesichts einer immer kürzeren Halbwertzeit der Lerninhalte kommt dem **Methodenlernen** ein immer größerer Stellenwert zu. Die dafür notwendige propädeutische Aufbauarbeit würden sie am liebsten ganz an den Deutschunter-

richt abtreten. Ob es um das Recherchieren in Fachbuch und Internet geht, um das effektive Exzerpieren von Texten oder um die mediengestützte Präsentation eigener Forschungsergebnisse – immer wird hier nach dem Deutschunterricht gerufen. Der gerät dadurch aber mehr und mehr in die Rolle eines Zulieferers und Dienstleisters für den Methodenbedarf anderer Fächer. Wir Deutschlehrer scheinen uns inzwischen mit dem Status unseres Fachs als einer Querschnittsdisziplin im Fächerkanon allgemeinbildender Schulen abgefunden zu haben. Dabei hilft uns freilich, dass solche methodischen Kompetenzen inzwischen auch von den Schülern nachgefragt werden, diese für einen derartigen Paradigmentausch also durchaus zu haben sind.

Der Deutschunterricht hat solche Herausforderungen angenommen. Aber er muss darauf achten, dass darüber nicht sein überliefertes Selbstverständnis auf der Strecke bleibt. Ungeachtet aller bildungspolitisch motivierten Erwartungen sollten wir Deutschlehrer daran festhalten, dass

➡ unser Fach einen wichtigen Beitrag zur kulturellen und musischen Bildung leistet. Nicht zuletzt die jüngsten Erkenntnisse der Hirnforschung haben den besonderen Stellenwert musischer Kompetenzen für Einsicht und Begreifen in Erinnerung gerufen. Deshalb dürfen entsprechende Anstöße nicht nur aus den Familien kommen. Deutsch ist immer auch ein musisches Fach. Und das muss von der 1. Klasse an sichtbar gemacht werden.

➡ unser Fach kognitive und kreative Prozesse integriert. Durch den zunehmenden Einfluss von Jahrgangsstufentests und Leistungserhebungen droht die Vergleichbarkeit zur alleinigen Messlatte unserer Arbeit zu werden. Kreative Leistungen lassen sich aber nur bedingt miteinander vergleichen; sie waren immer schon auf eine individuelle Würdigung angewiesen. Diese Sonderstellung des Kreativen verlangt, dass hier das freie Schreiben gefördert und dass mit literarischen Formen experimentiert wird – auch wenn sich solche Kompetenzen in keinem Vergleichstest abfragen lassen.

➡ sich unser Fach schwerpunktmäßig mit der Literatur und ihren Vermittlungsformen beschäftigt. Immer wieder wird uns vorgehalten, wie schwer sich noch Schulabgänger mit dem Lesen und Schreiben tun. Deshalb sollten sich unsere Schüler lieber auf solche Kulturtechniken konzentrieren, als sich vorschnell auf der Spielwiese des Feuilletons auszutoben. Dabei wird gerne übersehen, dass die literarische Bildung dann an den Elternhäusern hängen bliebe. Das aber würde bedeuten, dass die Literatur für alle Zeiten als eine Domäne des Bildungsbürgertums festgeschrieben würde – und dass hier alle anderen Kinder ausgeschlossen wären. Dies kann ernsthaft keiner wollen.

Die Neuorientierung des Deutschunterrichts macht dieses Fach zu einem beispielhaften Exerzierfeld des inklusiven Lernens. Wenn nämlich als Regelfall akzeptiert wird, dass unsere Schüler jeweils sehr unterschiedliche Voraussetzungen mitbringen – dann müssen sich solche Unterschiede auch in einem differenzierten Unterrichtsangebot niederschlagen. Dann wird man endlich akzeptieren müssen, dass wir es in gleicher Weise mit Leseratten und Lesemuffeln zu tun haben – und dass die Lektüreauswahl solchen Befindlichkeiten Rechnung zu tragen hat. Dann wird man aber auch zu würdigen haben, dass die Schüler unterschiedliche Muttersprachen beherrschen und sich in zahlreichen Codes, Jargons und Soziolekten verständigen – ein Sachverhalt, auf den das Sprachniveau unseres Unterrichts Rücksicht nehmen muss. Gerade im Bereich der Lese- und der Sprachförderung erleben wir Schüler, für die es völlig normal ist, total verschieden zu sein. Mit der Befreiung des Deutschunterrichts aus dem Umfeld bildungsbürgerlicher Lebenswelten werden auch hier viele inklusive Ressourcen freigesetzt.

4. DEUTSCHUNTERRICHT OHNE BARRIEREN

Grundsätzlich mag es seine Berechtigung haben, wenn wir einzelne Schüler nicht über ihr Handicap definieren. Das ändert freilich nichts daran, dass es solche Handicaps gibt und dass die Regelschule auf die damit verbundenen Belastungen Rücksicht nehmen muss. In den Sonderschulen und Förderzentren ist man darauf eingerichtet: Hier unterrichten Lehrkräfte, die sich auf die Förderung von Schülern mit Behinderungen spezialisiert haben. Hier finden die betroffenen Schüler aber auch eine Infrastruktur vor, die ihnen das Lernen erleichtert. Inklusion macht deshalb nur dann Sinn, wenn auch die beteiligten Regelschulen mit solchen Ressourcen ausgestattet werden. Deshalb müssen auch hier mögliche Barrieren aus dem Weg geräumt werden, damit sich trotz manchem physischen oder psychischen Handicap erfolgreich lernen lässt.

Damit verändert sich die Architektur des Schulhauses, ist aber auch eine andere Ausstattung der Klassenräume verlangt. So sind hörbehinderte Schüler darauf angewiesen, dass ihr Klassenzimmer einer akustischen Generalsanierung unterzogen wird, um den Nachhall zu verringern und mögliche Störgeräusche auszuschalten. Außerdem sollte hier eine FM(Sender-Empfänger)–Anlage fest installiert werden. Hier werden akustische Signale vom Mikrofon des Lehrers direkt auf die Hörgeräte der Schüler übertragen, Nebengeräusche oder Nachhalleffekte aber weitgehend ausgeblendet.

➡ jedem Schüler ein Mitschüler zugewiesen wird, der ihm die im Unterricht behandelten Texte vorliest und seine Antworten verschriftlicht.[8]

2. Schüler mit einer Hörbehinderung haben ein ganz ähnliches

Problem: Sie erleben Deutsch als ein Fach, in dem es sehr stark auf das Reden und Zuhören ankommt. Genau damit aber tun sich diese Schüler besonders schwer.
Sie sind deshalb auf Lehrkräfte angewiesen, die von ihren Belastungen wissen und ihren Unterricht danach ausrichten. Haben Sie es selbst mit solchen Schülern zu tun, dann werden Sie sich darum bemühen, dass

➡ Sie die Unterrichtsinhalte so weit wie möglich verschriftlichen oder visualisieren – denn jeder Schüler mit Hörbehinderung lernt vor allem über die Augen.

➡ Sie den jungen Leuten keine Einträge mehr ins Heft diktieren, sondern die Ergebnisse des Unterrichts in schriftlicher Form festhalten.

➡ Sie Ihre Anweisungen jeweils mündlich und schriftlich erteilen, sodass auch die Schüler mit einer Hörstörung wissen, was sie zu tun haben.

➡ die Gliederung des Unterrichts in schriftlicher Form vorliegt und es den Schülern mit einer Hörbehinderung deshalb leicht gemacht wird, sich innerhalb einer Unterrichtseinheit zu orientieren.

➡ Ihre Schüler immer wieder Gelegenheit bekommen, sich mittels der Gebärden-sprache zu verständigen und mit anderen auszutauschen.

➡ in Ihrem Unterricht mit entsprechender Lernsoftware gearbeitet wird, weil hier die Schüler vor allem über visuelle Informationen lernen.

➡ Sie immer wieder den Blickkontakt zu den Schülern mit einer Hörbehinderung suchen und Sie sich so rückmelden lassen, ob Sie überhaupt verstanden werden.

➡ sich die Schüler Ihrer Klasse daran gewöhnen, besonders langsam und deutlich zu sprechen – und Sie selbst ihnen darin ein Vorbild sind.[9]

3. Schüler mit ADS/ADHS gelten als Störenfriede und Unruhestifter, die vor

allem im Deutschunterricht zur Belastung werden. Das kann auch daran liegen, dass die Lehrkräfte über diese Krankheit nicht hinreichend informiert sind und darauf oft ganz falsch reagieren. Um solche Fehler zu vermeiden, sollten Sie dafür sorgen, dass

➡ die betroffenen Schüler in der Nähe des Lehrerpults sitzen und deshalb immer das Gefühl haben, unter Beobachtung zu stehen.

➡ die Lernumgebung möglichst strukturiert und reizarm gehalten ist, damit die betroffenen Schüler nicht abgelenkt werden.

➡ die Schüler immer die Gliederung einer Unterrichtseinheit im Kopf haben und daher sehr genau wissen, an was sie gerade arbeiten und was damit erreicht werden soll.

➡ die von den Schülern zu bearbeitenden Aufgaben jeweils in übersichtliche Portionen aufgeteilt werden.

➡ Sie den Schülern Lernhilfen und so genannte „Eselsbrücken" mit auf den Weg geben. Denn so können auch Schüler mit ADS/ADHS das Gelernte behalten.

➡ die Schüler für bestimmte Lernleistungen und Verhaltensweisen mit einer Belohnung rechnen können – auch wenn es sich hier nur um Punkte handelt, die ihnen auf einem virtuellen Konto gutgeschrieben werden.

➡ Sie den Umfang der Hausaufgaben begrenzen und stattdessen eher auf deren qualitativen Anspruch achten.

➡ in Ihrem Unterricht verstärkt mit digitalen Lernprogrammen gearbeitet wird. Hier erhalten die Schüler immer wieder eine Rückmeldung über ihre Lernfortschritte – und darauf sind Schüler mit ADS/ADHS besonders angewiesen.[10]

4. Schüler mit attestierter Legasthenie oder Lese- und Rechtschreibschwäche sind alles andere als „hoffnungslose Fälle". Sie sind auf eine entsprechende Förderung durch ihre Schule angewiesen – aber auch auf die Rücksichtnahme der Lehrer und Mitschüler. Auch hier geht von dem einen oder anderen Zugeständnis eine Wirkung aus, die ihre Lernsituation ins Positive zu wenden vermag. Zu dieser Rücksichtname gehört für Sie als Lehrkraft, dass

➡ Sie sich bei der Aufgabenstellung und bei Ihren Anweisungen um eine möglichst einfache Wortwahl und einen möglichst übersichtlichen Satzbau bemühen.

➡ Sie den Schülern mit Legasthenie/LRS erheblich mehr Zeit einräumen, um sich in ein Schriftstück einzulesen oder um einen eigenen Text fertigzustellen und nachzukorrigieren.

➡ Sie bei Ihrer Kommentierung der Schülerarbeiten auf gute Lesbarkeit achten und den Computer als Schreibhilfe einsetzen – wo immer Ihnen das möglich ist.

➡ Sie auch den betroffenen Schülern die Möglichkeit geben, sich mit Hilfe von Notebook oder PC zu äußern, statt sich mit der ungeliebten Handschrift abzuquälen.

➡ Sie solche Schüler nur dann vorlesen lassen, wenn sich diese aus freien Stücken dafür gemeldet haben. Das Vorlesen vor der Klasse empfinden viele von ihnen als öffentliche Bloßstellung.

➡ Sie darauf achten, dass sich die Schüler mit Legasthenie/LRS einer möglichst deutlichen Aussprache befleißigen – weil das ihnen auch beim schriftlichen Ausdruck hilft.

➡ Sie den Schülern in der Rechtschreibung dabei helfen, sich ein differenziertes Bild der eigenen Fehler zu machen – und sich nicht von deren Umfang entmutigen zu lassen.

➡ Sie den betroffenen jungen Leuten ersparen, sich ständig mit ihren Mitschülern vergleichen zu müssen. Der einzige vertretbare Vergleichsmaßstab ist auch hier der Schüler selbst.[11]

Solche Zugeständnisse sind begründet, aber in vielen Fällen schulrechtlich nicht abgesichert. Während die Sonderstellung von Schülern mit Legasthenie/LRS in einigen Bundeslandern Eingang in das geltende Schulrecht gefunden hat, gibt es keinen Paragrafen, der jungen Leuten mit ADS/ADHS einen vergleichbaren Status einräumt. Diese rechtliche Unsicherheit zeigt sich auch im Umgang mit dem so genannten **Nachteilsausgleich**: Hier wird einzelnen Schülern im Prüfungsfall eine großzügigere Behandlung zugestanden, wenn ihr Handicap zu einem verzerrten Leistungsbild führen würde. So sind Schüler mit einer Hörbehinderung nach dem Willen des Bayerischen Kultusministeriums von Diktaten befreit, wenn ihnen der zuständige Deutschlehrer einen gleichwertigen Ersatz anbieten kann.[12] Solche administrativen Verrenkungen sind freilich nur ein Beleg für die Hilflosigkeit, mit der die Schulbürokratie der wachsenden Heterogenität im Klassenzimmer begegnet. Jeder Praktiker aber weiß, dass dafür viel radikalere Maßnahmen notwendig waren – wie die Aufgabe der Lernzielgleichheit oder ein Verzicht auf die Ziffernnoten. Erst wenn solche Barrieren aus dem Weg geräumt sind, wird das Leitbild der inklusiven Schule in der pädagogischen Wirklichkeit angekommen sein.

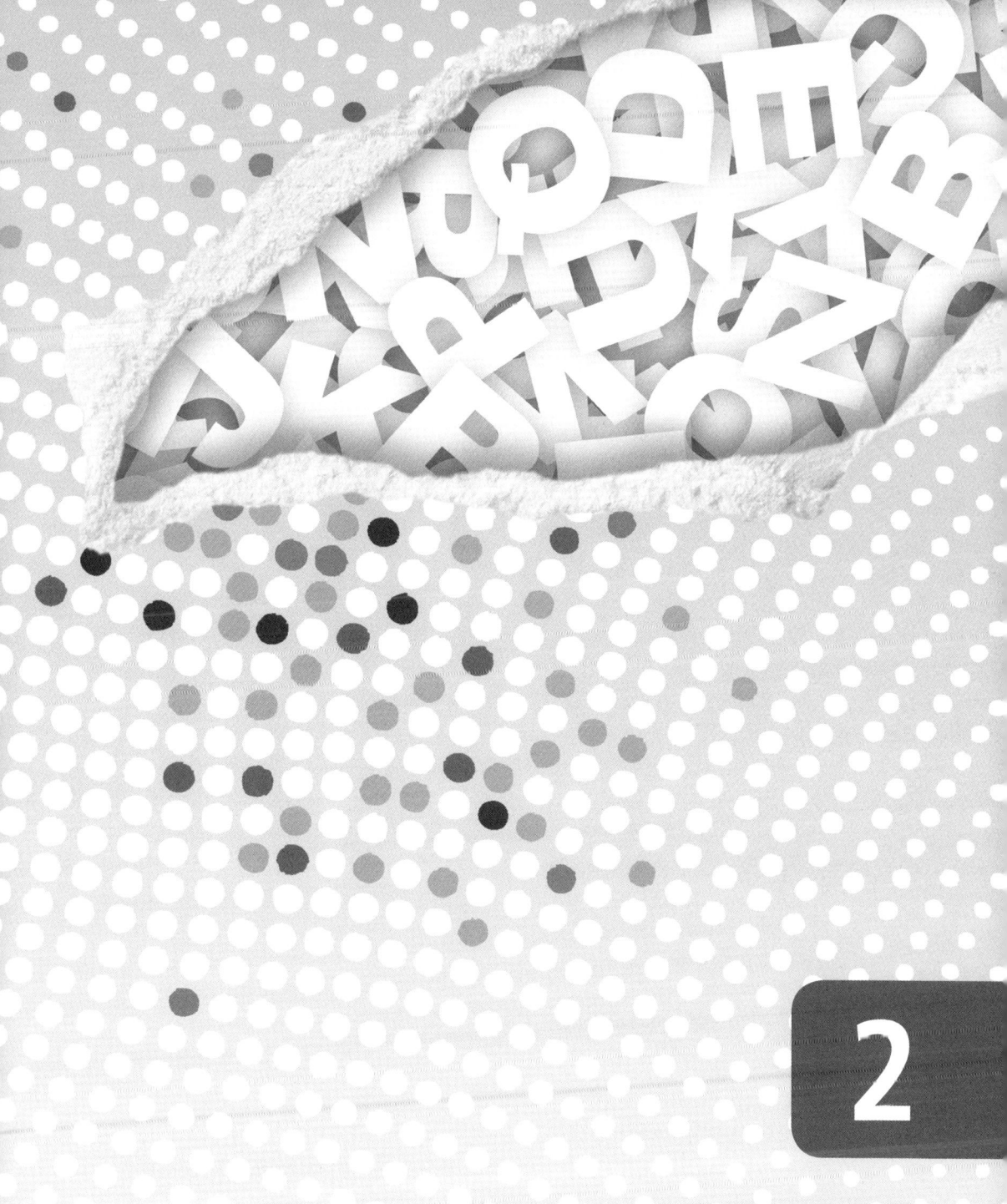

2

Lernen an unterschiedlichen Aufgaben

Das ist mittlerweile kein Geheimnis mehr: Schüler lernen nicht dadurch, dass ihnen irgendwelche Informationen vorgesetzt werden – sondern dadurch, dass sie sich eigenständig mit einem bestimmten Lerngegenstand beschäftigen. Deshalb stellen wir ihnen Aufgaben, die einen solchen Lernprozess unterstützen. Allerdings beklagen sich viele Schüler zu Recht darüber, dass die ihnen gestellten Aufgaben lediglich dazu dienen, den gelernten Stoff einzuüben und zu sichern. Ein originärer Lerneffekt geht von ihnen nicht aus.

Außerdem hadern sie mit Aufgaben, die der ganzen Klasse gestellt werden – ohne Rücksicht auf die Interessen, die Vorkenntnisse und das Leistungsvermögen Einzelner. Das Ergebnis ist bekannt: Die einen resignieren, weil sie mit den gestellten Aufgaben nicht zurechtkommen – und die anderen ziehen sich zurück, weil sie die oft schematischen Routineaufgaben nur langweilen. Auch macht es für sie keinen großen Sinn, wenn anschließend die Ergebnisse verglichen und verbessert werden. Gerade die leistungsstarken Schüler erfahren hier oft nur, was sie ohnehin schon wissen.

Deshalb bedarf es einer grundsätzlich anderen Aufgabenstellung, um auch wirklich allen Schülern gerecht zu werden. Weil die Schüler nun einmal sehr unterschiedlich aufgestellt sind, können sie auch nur mit unterschiedlichen Aufgaben etwas anfangen. Es stellt sich dann die Frage, wie solche Aufgaben zu entwerfen sind und wie der damit verbundene Aufwand zu bewältigen ist. Zum Glück gibt es längst einige methodische Grundmuster, die sich auf unterschiedliche Fächer und Lerninhalte anwenden lassen. Um solche Prototypen einer differenzierten Aufgabenstellung soll es im Folgenden gehen.

UNTERSCHIEDLICHE THEMEN

Es muss nicht immer am unterschiedlichen Anspruchsniveau liegen, wenn die Schüler mit manchen Aufgaben überhaupt nichts anfangen können. So wird eine visuell begabte Schülerin bald aufgeben, wenn sie immer nur mit auditiven Aufgabenstellungen konfrontiert wird. Und ein eher rational aufgestellter Schüler dürfte schon bald die Lust verloren haben, wenn er sich ständig mit irgendwelchen Märchen und Mysterien herumzuschlagen hat. Eine Referendarin, die mit ihrer 7. Klasse ein Pferdebuch liest, sollte sich nicht wundern, wenn sie die Jungen der Klasse damit überhaupt nicht erreicht. Und ein Deutschlehrer tut sich keinen Gefallen, wenn er die Sprache journalistischer Stilformen ausgerechnet am Beispiel der Fußballreportage untersuchen – und damit einige Mädchen in der Klasse hinter sich lässt.

Weil man sich dem gemeinsamen Lernziel über ganz unterschiedliche Inhalte annähern kann, sollte im Deutschunterricht nach dem Prinzip der Themendifferenzierung gearbeitet werden: Dabei können sich die Schüler jeweils für ein Thema entscheiden, das sie besonders interessiert und bei dem sie auf schon vorhandene Kenntnisse zurückgreifen können. So kann ein Gegenstand unter ganz unterschiedlichen Aspekten beleuchtet, können die Erkenntnisse unterschiedlicher Disziplinen miteinander vernetzt werden. Wenn es im Deutschunterricht z.B. um das Thema „Körpersprache" geht, können sich die Schüler mit der Bühnensprache von Rockmusikern beschäftigen, können sie Gesten und Symbole auf dem Fußballplatz interpretieren, die Kommunikation im Tierreich entschlüsseln oder die körpersprachliche Uniformierung politischer Massenbewegungen untersuchen. Entscheidend ist, dass den Schülern nicht nur eine Auswahl unterschiedlicher Themen zugestanden wird – sondern dass von ihnen auch erwartet wird, die Ergebnisse ihrer Untersuchungen untereinander auszutauschen und die ganze Klasse daran teilhaben zu lassen.

Adventskalender

Mit thematisch unterschiedlichen Aufgaben gelingt es Ihnen, die Schüler mit ihren individuellen Interessen und Leidenschaften zu erreichen. Wer sich für schnelle Autos interessiert, wird auch der sonst eher drögen Gegenstandsbeschreibung etwas abgewinnen können, wenn er das neueste Porsche-Modell beschreiben darf. Sie sollten die Schüler abholen – sollten sie aber mit ihren spontanen Interessen nicht alleine lassen. Immer wieder werden Sie Ihre Schüler deshalb dazu anhalten müssen, sich auch anderen Themen zu öffnen und neue Horizonte für sich zu entdecken.

Beides gelingt mit dem **Adventskalender**. Diese Methode arbeitet mit zwei Ebenen: Die Schüler müssen sich zunächst für ein „Türchen" entscheiden, das ihren Bedürfnissen und Interessen entgegenkommt. Hinter jedem Türchen wartet auf sie dann aber eine Aufgabe, der sie sich zu stellen haben.

Dazu werden an der Tafel 16 Poster aufgehängt. Auf diesen Postern finden die Schüler 16 Namen oder Begriffe, unter denen sie nach dem Lustprinzip zu wählen haben. Haben sie sich für ein bestimmtes Poster entschieden, verewigen sie sich darauf mit ihren Anfangsbuchstaben. Dann erst erfahren sie, welche Aufgabe dahinter auf sie wartet. Naturlich können die Schüler davon ausgehen, dass beides zusammenhängt, die Aufgaben also nicht völlig willkürlich gewählt sind.

➡ So könnten die Schüler unter 16 Tieren zu wählen haben. Sie werden sich ein Tier aussuchen, das ihnen besonders sympathisch ist. Ihre Aufgabe wäre es dann, sich

eine Fabel auszudenken, in der eben dieses Tier mit seinen besonderen
Verhaltensmerkmalen eine Hauptrolle spielt.

▶ Oder sie könnten auf den Postern 16 Stoffe der Weltliteratur vorfinden, von denen
ihnen die meisten vertraut sein dürften und unter denen sie sicherlich auch einige
Favoriten haben. Haben sie dann ihre Wahl getroffen, werden sie erfahren, dass
sie zu ihrem Lieblingsstoff einen Klappentext zu verfassen haben.

▶ Oder sie könnten es mit 16 Ressorts einer Tageszeitung zu tun haben und sich
für das Ressort entscheiden, in dem sie selbst am liebsten blättern. Ihre Aufgabe
könnte es dann sein, sich an einer fiktiven Tageszeitung aus der Zeit Goethes mit
einem eigenen Beitrag zu beteiligen und sich dabei am Vorbild ihres Ressorts zu
orientieren.

Dadurch ist mit dem Adventskalender immer eine gewisse Spannung verbunden:
Man weiß ja nicht, welche konkrete Aufgabe auf einen zukommt – aber man hat
wenigstens die Sicherheit, sich auf vertrautem Terrain zu bewegen.

Ein Beispiel für die Unterrichtspraxis:
EIN SACHLICHES SCHREIBEN VERFASSEN

Der persönliche Brief und das sachliche Schreiben gehören zu den Klassikern des
Aufsatzunterrichts. Dabei geht es heute eher darum, die Schüler auf diese Möglichkeit des schriftlichen Kommunizierens überhaupt aufmerksam zu machen. Ebenso
wie das Mailen, das Simsen oder das Twittern längst die Funktion persönlicher Briefe
übernommen haben, wurde das sachliche Schreiben inzwischen vom unpersönlichen
Formbrief oder von der standardisierten Abfrage im Internet verdrängt. Wenn Bürger
und Verbraucher aber nicht mehr nur funktionieren wollen, wenn sie sich zu wehren
und zu beschweren bereit sind, wenn sie nach einer angemessenen Form für Kritik
und Protest suchen – dann werden sie mit Fragebogen und Formbrief alleine nicht
weiterkommen. Dann wird ihnen nur das sachliche Schreiben weiterhelfen – vorausgesetzt, sie haben damit schon in der Schule zu tun gehabt und sich hier die wichtigsten Regeln für das Abfassen solcher Briefe angeeignet.

Weil sich die Schüler von dieser Aufsatzform eher gelangweilt fühlen, könnte der
Adventskalender ihrer Motivation neuen Auftrieb geben. Dabei finden die Schüler
16 Poster mit möglichen Traumberufen vor. Sie entscheiden sich für den Beruf, der
ihnen am meisten Zufriedenheit, Ansehen und Wohlstand verspricht, und besiegeln
diese Entscheidung mit ihrer Paraphe auf dem entsprechenden Poster:

Mein Traumjob

Der Beruf kann einen Menschen glücklich oder unglücklich machen. Er kann dir zu einem erfüllten Leben, zu allgemeiner Anerkennung und zu viel Geld verhelfen – oder er kann dich versagen, verzweifeln und abstürzen lassen. Du findest hier 16 vermeintliche Traumjobs, von denen du dich für einen entscheiden musst:

Sänger	Astronaut	Schauspieler	Tierarzt
Moderator	Model	Rapper	Türsteher
Kinderkranken-schwester	Koch	Profifußballer	Goldschmied
Mode-Designer	Pilot	Kriminalbeamter	Chirurg

Wenn sich alle Schüler für einen Traumjob entschieden und sich auf dem entsprechenden Poster eingetragen haben, werden die „Türchen des Adventskalenders" geöffnet: Die Schüler erfahren jetzt, welche Spezialaufgabe sie sich mit ihrer fiktiven Berufswahl eingehandelt haben. Natürlich läuft das Ganze darauf hinaus, dass sie ein sachliches Schreiben abfassen. Aber sie werden mit erheblich größerer Motivation ans Werk gehen, als wenn alle mit demselben Thema befasst wären.

Du bewirbst dich um einen Auftritt in der Casting-Show „Deutschland sucht den Superstar".	Du fragst beim Deutschen Zentrum für Luft- und Raumfahrt nach, ob du diese Einrichtung einmal besuchen darfst.	Du meldest dich bei einer Schauspielschule zur Aufnahmeprüfung an.	Du fragst bei einer Tierärztin nach, ob du dich ehrenamtlich in der Patientenbetreuung engagieren kannst.

Fortsetzung ▸▸

Du bittest um einen Vorstellungstermin beim Fernsehsender Pro 7.	Du bewirbst dich darum, in die Kartei einer Model-Agentur aufgenommen zu werden.	Du bittest einen bekannten Rapper darum, deine selbstverfassten Texte zu begutachten.	Du möchtest von der Agentur für Arbeit wissen, ob es sich beim Türsteher um einen Ausbildungsberuf handelt.
Du bewirbst dich um einen Praktikumsplatz in der Kinderstation eines Krankenhauses.	Du fragst bei einem Ein-Sterne-Koch nach, ob du bei ihm ein Betriebspraktikum ableisten darfst.	Du möchtest von einem Spielervermittler (Agenten) wissen, ob er für dich tätig werden kann.	Du bittest eine Goldschmiedin darum, mit einer Schülergruppe ihre Werkstatt besuchen zu dürfen.
Du bittest ein Modehaus um eine Begutachtung deiner Entwürfe.	Du möchtest dich über die Voraussetzungen für eine Ausbildung zum Piloten informieren.	Du informierst dich darüber, welche körperlichen Voraussetzungen in diesem Beruf verlangt werden.	Du informierst dich beim Krankenhaus deiner Heimatstadt, ob hier Chirurgen ausgebildet werden.

„Mein Handicap"

Nicht immer und überall wird man die Schüler zwischen unterschiedlichen Themen wählen lassen – wenn der Unterricht nicht völlig zerfasern und in bloßen Unverbindlichkeiten versickern soll. Oft reicht es schon, den Schülern ein bestimmtes Thema vorzugeben, sie aber dann zwischen unterschiedlichen Aspekten oder Teilthemen wählen zu lassen. Denn auch hier können sie sich mit ihren individuellen Neigungen und Interessen wiederfinden. So kann den einen Schüler am Theater vor allem der Text, einen anderen die Bewegung und einen dritten die Technik des Bühnengeschehens interessieren. Alle drei beschäftigen sich mit einem Thema, nähern sich diesem aber aus unterschiedlichen Richtungen an. Das kann für das Lernen in der Klasse nur von Vorteil sein: Nicht nur, weil alle beteiligt sind – sondern auch, weil damit alle Aspekte des Themas ausgeleuchtet werden.

Mit der Methode **Mein Handicap** wird den Schülern freigestellt, auf welchen Wegen sie ein gemeinsames Thema angehen wollen. Wie beim Vorbild des Golfsports sagt das Handicap etwas über das Leistungsvermögen des Einzelnen aus – bezogen auf die unterschiedlichen Einzelaspekte eines Themas.

Dazu wird der Klasse zunächst ein Rahmenthema vorgegeben. Dieses sollte so umfassend sein, dass den Schülern echte Alternativen angeboten werden können. Anschließend werden ihnen sechs Untersuchungsaspekte oder Teilthemen genannt.

Die Schüler müssen nun entscheiden, zu welchem Teilthema sie sich wie viel zutrauen. Dazu notieren sie für den Aspekt, mit dem sie sich am leichtesten tun, die Zahl „6". Der nächste Aspekt erhält dann die Zahl „5", der folgende die Zahl „4" – und das Teilthema, mit dem sie am wenigsten anfangen können, die Zahl „1". Dabei darf jede Zahl jeweils nur einmal genannt werden.

Dann erst erhalten die Schüler so viele Fragen oder Aufgaben, wie es ihrem persönlichen Handicap entspricht: Wo sie sich also selbst eine „6" gegeben haben, müssen sie sechs Fragen beantworten. Wo sie sich aber selbst nur eine „1" zutrauen, sollte ihnen auch nur eine Aufgabe zugemutet werden.

Ein Beispiel für die Unterrichtspraxis:
DAS ZEITALTER DES BAROCK

Viele Deutschlehrer machen um die Geschichte der Literatur einen ganz großen Bogen. Sie wissen, wie schwer sich ihre Schüler für die aktuelle Literatur begeistern lassen. Und sie ahnen, um wie viel schwerer es fallen dürfte, sie für die literarischen Dokumente vergangener Epochen zu interessieren. Außerdem schiebt sich eine kaum verständliche Sprache zwischen die herausragenden Werke der Literaturgeschichte und die jugendlichen Rezipienten.

Dieser Eindruck einer unüberwindlichen Entfremdung lässt sich aber auflösen, wenn eine Epoche als Ganzes betrachtet wird und es hier weniger um literarische Zeugnisse als um ein umfassendes Lebensgefühl geht. Im Zeitalter des Barock lässt sich ein solches Lebensgefühl als psychologischer Grundton beschreiben, der in allen Bereichen des barocken Lebens nachzuweisen ist. So werden die Schüler mit einem Sonett von Gryphius oder mit dem Auszug aus einem Jesuitendrama zunächst nicht viel anfangen können. Das ändert sich aber, wenn sie sich z.B. auch mit der Musik, der

Kindern mit ADS oder ADHS dagegen kann geholfen werden, wenn die Stühle im Klassenzimmer durch Sitzbälle ersetzt werden – denn so lässt sich ihr Bewegungsdrang am besten abfedern. Außerdem sollte sichergestellt sein, dass sich in der Nähe des Klassenzimmers ein Trainingsraum befindet – in den sich die Schüler zurückziehen können, bevor sie sich zu einem ungesteuerten Temperamentsausbruch hinreißen lassen. Es ist Aufgabe der Schulleitung und der zuständigen Schulbehörde, solche technischen Voraussetzungen sicherzustellen, bevor die ersten Kinder mit einem Handicap in die Regelschule aufgenommen werden. Ihnen aber wird niemand zumuten wollen, das Geschäft des Sachaufwandstragers zu betreiben und sich um eine behindertengerechte Ausstattung des Klassenzimmers zu kümmern.

Sie können es sich aber zur Aufgabe machen, die Inklusion aller Schüler durch methodische und organisatorische Maßnahmen zu fördern. Denn auch der Ablauf des Unterrichts kann zu einer Barriere werden, an der Schüler mit einem Handicap scheitern. Eine barrierefreie Schule ist deshalb auf Lehrkräfte angewiesen, die in der Auswahl der Materialien und im Einsatz ihrer Methoden auf die besonderen Befindlichkeiten von Schülern mit Behinderungen Rücksicht nehmen. Dass Sie dafür über die notwendigen Mittel und Kompetenzen verfügen, soll an den folgenden Beispielen veranschaulicht werden:

1. Blinde Schüler oder solche mit einer Sehbehinderung haben
darunter zu leiden, dass die Inhalte des Deutschunterrichts vor allem über das Lesen und Schreiben vermittelt werden. Damit diese jungen Leute im Fach Deutsch aber nicht ganz abgehängt werden, sollten Sie darauf achten, dass

- ➡ der Umgang mit Tafel, Schulbuch und Arbeitsblatt durch Formen der mündlichen Kommunikation ersetzt wird.
- ➡ Sie im Rahmen Ihres Unterrichts immer wieder Phasen einplanen, in denen die Augen überhaupt nicht in Anspruch genommen werden.
- ➡ Sie im Unterricht an Stelle fotokopierter Texte Hörbücher oder Radiosendungen einsetzen, von denen auch Schüler mit Sehproblemen etwas haben.
- ➡ Sie Textauszüge und Arbeitsblätter für die Schüler mit einer Sehbehinderung jeweils in einer vergrößerten und besonders kontrastreichen Form vervielfältigen.
- ➡ Sie die Folien für den Overhead-Projektor jeweils auch in Papierform ausdrucken, denn damit können auch Schüler mit Sehproblemen etwas anfangen.
- ➡ Sie Gruppenaufgaben und Klassenarbeiten in die Blindenschrift übertragen lassen und damit auch blinde Schüler erreichen.
- ➡ die Schüler mit einer Sehbehinderung in der Nähe der Wandtafel Platz nehmen und dass sie nicht auf ein helles Fenster schauen müssen.

Architektur oder der Mode des Barock beschäftigen. Hier stellt sich ihnen dieses Lebensgefühl viel augenfälliger dar als in jeder literaturgeschichtlichen Abhandlung. Und die Schüler können selbst entscheiden, wie weit sie sich vom Paradigma literarischer Texte fernhalten wollen:

Das Zeitalter des Barock

In den nächsten beiden Stunden geht es um den Barock, also um die Zeit zwischen 1600 und 1750. In dieser Zeit hat sich in vielen Bereichen des gesellschaftlichen Lebens etwas getan.

Ihr sollt dazu im Internet oder in der einschlägigen Fachliteratur recherchieren, damit ihr Fragen zu den folgenden sechs Bereichen beantworten könnt. Ihr solltet dabei mehrere Suchmaschinen anzapfen und euch durch die Bestände der Schülerbücherei hindurcharbeiten.

Markiert zunächst mit einer „6", für welches Gebiet ihr euch am meisten interessiert. Vergebt dann eine „5" für das Thema, das euch immerhin neugierig macht. Das geht so weiter, bis ihr eine „1" eintragt – und zwar bei dem Thema, mit dem ihr überhaupt nichts anfangen könnt. Denkt daran, dass jede Punktzahl nur einmal vergeben werden darf.

Architektur	Essen	Literatur	Mode	Musik	Politik

Die Schüler haben jetzt entschieden, mit welchem Thema sie sich ganz ausführlich beschäftigen und welches Thema sie nur streifen wollen. Der folgenden Aufstellung können sie entnehmen, welche Fragen sie zu den sechs Teilaspekten beantworten müssen. Die Fragen sind dabei nach ihrem Schwierigkeitsgrad sortiert. Wer also für ein bestimmtes Teilgebiet nur einen Punkt vergeben hat, der muss auch nur die erste Frage beantworten – und das ist immer die einfachste. Wer sich aber in einem bestimmten Bereich des barocken Lebens eine „6" zutraut, der muss alle sechs Fragen beantworten – bis hin zur letzten und schwierigsten.

Fragen zum Barock

Fragen zur Architektur:

1. Was ist ein Stuckateur?
2. In welcher Stadt befindet sich der Petersdom?
3. Was versteht man unter einer Putte?
4. Welches bekannte Gebäude schuf Matthäus David Pöppelmann?
5. Welche berühmte Barockkirche liegt gegenüber Schloss Banz?
6. Was ist das bekannteste Barockgebäude Russlands?

Fragen zum Essen:

1. Was versteht man unter „tranchieren"?
2. Welche Knolle wurde in der Zeit des Barock aus Amerika eingeführt?
3. Was ist ein Kapaun?
4. Warum hielt man die Tomate in der Zeit des Barock für giftig?
5. Welche Tischgeräte sind im Barock erfunden worden?
6. In welchem Land erschien 1644 das erste Kochbuch der Welt?

Fragen zur Literatur:

1. Was ist ein Passionsspiel?
2. Was bedeutet „memento mori"?
3. Was ist eine Allegorie?
4. Wie ist ein Sonett aufgebaut?
5. Von wem stammt das Sonett „Alles ist eitel"?
6. Wann und wo wurde der „Pegnesische Blumenorden" gegründet?

Fragen zur Mode:

1. Was ist ein Mieder?
2. Was trugen die Herren vor der Krawatte um den Hals?
3. Wie weit reichten die Hosen der Herren im Barock?
4. Was versteht man unter einer „Kleiderordnung"?
5. Welche Aufgabe hatte das Flohpelzchen?
6. Welchem Tier war die Allonge-Perücke nachempfunden?

Fortsetzung ▶▶

Fragen zur Musik:

1. Wer schrieb die Brandenburgischen Konzerte?
2. Was ist ein Spinett?
3. Worum geht es in der Matthäus-Passion?
4. In welcher Stadt wirkte Johann Sebastian Bach in seiner Zeit als Thomaskantor?
5. Aus welchem Oratorium stammt das bekannte „Halleluja"?
6. Welcher europäische König komponierte viele Flötenkonzerte?

Fragen zur Politik:

1. Welcher Monarch führte den Beinamen „Sonnenkönig"?
2. Was ist eine Mätresse?
3. Bis zu welcher europäischen Stadt drangen die Türken vor?
4. Gegen wen führte Kaiserin Maria Theresia immer wieder Krieg?
5. In welcher Stadt fand das Friedensmahl nach dem Ende des Dreißigjährigen Kriegs statt?
6. Welchen Monarchen nannte man den „Soldatenkönig"?

Natürlich summieren sich solche Einzelbeobachtungen noch nicht zu einem geschlossen Bild des Barock. Aber in der Zusammenschau zeichnen sich doch die Grundlinien eines Epochenporträts ab. So erklärt sich die Fülle des barocken Lebens beim Essen und Trinken aus den Verzichtserfahrungen des Dreißigjährigen Krieges. Und in der Entwicklung des musikalischen Lebens spiegelt sich die kulturelle Emanzipation von der Vorherrschaft des Klerus wider. In den literarischen Zeugnissen der Barockzeit schließlich geht es immer wieder um das Wechselspiel von Diesseitsverheißung und Jenseitsbedrohung – und damit um die grundlegende Dialektik des barocken Lebensgefühls. So formt sich über die Recherchen der Schüler das Bild einer zutiefst zerrissenen und widersprüchlichen Epoche.

UNTERSCHIEDLICHER AUFWAND

Es muss kein Ausdruck von Fleiß oder Faulheit sein, wenn sich die Mitarbeit der Schüler einmal mehr und einmal weniger aufwändig gestaltet. Da blühen manche Schüler auf, wenn sie einen Handlungskern ausschmücken dürfen und damit viele Seiten füllen. Und da fühlen sich andere erst so richtig in ihrem Element, wenn sie einen Text zusammenfassen und ihn auf seine eigentliche Aussage reduzieren sollen. Oft sind es gerade die Mädchen, die sich zur epischen Streckung berufen fühlen – und die Jungen, die sich lieber in der Kunst der Verknappung üben. Im Deutschunterricht sollten alle Schüler ihren Platz finden – ob sie sich nun eher als geschwätzig oder als maulfaul präsentieren.

Denn auch die Gegenstände des Deutschunterrichts bestätigen diesen Widerspruch: Da beschäftigt man sich z.B. mit Heldenepen und Gesellschaftsromanen, die nur schwerlich zu einem Ende finden und deren Weitschweifigkeit die Geduld des Lesepublikums auf eine harte Probe stellt. Da geht es aber auch um Fabeln oder Aphorismen, die sich dem Leser nur verdichtet mitteilen und deshalb mit wenigen Wörtern oder Zeilen auskommen.

Wenn der Deutschunterricht die ganze Breite seines Geltungsbereichs durchmessen möchte, muss er beide Extreme angemessen berücksichtigen. Im Idealfall sollte es dem Schüler überlassen bleiben, wie viel Aufwand er in eine Aufgabe investieren möchte.

Das gilt vor allem für jene Schüler, deren Beteiligung am Deutschunterricht ohnehin durch das eine oder andere Handicap belastet ist: So wird sich das Kind einer Migrantenfamilie mit einem kurzen, aber sachlichen Bericht leichter tun als mit einer durch literarische Effekte aufgehübschten Erlebniserzählung. Und einem Mädchen mit Sehbehinderung wird man lieber ein kurzes Gedicht als ein ausschweifendes Versdrama zumuten wollen. Der Deutschunterricht in heterogen zusammengesetzten Klassen kann nur den Rahmen abstecken. Es bleibt letztlich den Schülern überlassen, in welchem Umfang sie sich hier einbringen wollen. Aber auch dazu bedarf es entsprechender methodischer Vorgaben.

Schneeballgeschichte

Das Erzählen ist nicht jedermanns Sache. Wenn Sie Ihre Schüler dazu auffordern, der Klasse von einem besonders aufregenden Ferienerlebnis zu berichten, werden Sie zwar mit zahlreichen Meldungen rechnen können. Da reicht schon ein Sieg im Minigolf oder ein Loch in der Luftmatratze, um zu einem weitschweifigen Parcours durch die Höhen und Tiefen der Erzählkunst anzusetzen. Es gibt nun einmal Schüler, die erzählen können – und noch mehr, die erzählen wollen. Gleichzeitig haben Sie es aber auch mit Kindern zu tun, die vielleicht noch viel Aufregenderes erlebt haben, denen aber die erzählerischen Ressourcen abgehen, um damit die ganze Klasse zu unterhalten.

Die **Schneeballgeschichte** kalkuliert solche unterschiedlichen Haltungen zum Erzählen ein. Denn hier ist gewährleistet,

- ▶ dass wirklich alle Schüler einer Klasse zu Wort kommen und niemand auf seine Rolle als Zuhörer reduziert wird.
- ▶ dass jedem Schüler überlassen bleibt, wie umfangreich sein Beitrag zum gemeinschaftlichen Erzählen ausfallen soll.

Dazu erhalten alle Schüler ein Arbeitsblatt mit einer entsprechend großen Anzahl von Reizwörtern. Auf jedem Arbeitsblatt ist eines dieser Reizwörter markiert und damit besonders hervorgehoben. Später wird jeder Schüler in seinem Beitrag dieses Reizwort unterzubringen haben.

Ihnen als Lehrkraft bleibt es überlassen, den Erzählmarathon zu starten: Dazu erzählen Sie den Beginn einer Geschichte, auf deren Ende auch Sie gespannt sein dürfen. Wenn Sie aussteigen und das Wort an die Schüler weitergeben wollen, müssen Sie in Ihrem letzten Satz eines der vorgegebenen Wörter unterbringen.

Jetzt weiß der Schüler, auf dessen Arbeitsblatt eben dieses Wort markiert ist, dass er an der Reihe ist: Er setzt Ihre Erzählung fort und kann sich dafür so viel Zeit lassen, wie das mit seiner erzählerischen Kondition zu vereinbaren ist. Wenn auch er aus der Kettenerzählung aussteigen möchte, muss er in seine Fortsetzung ein weiteres Reizwort einbauen – und schon weiß der nächste Schüler, dass es nun an ihm ist, das bisher Gehörte fortzusetzen. Gleichzeitig streichen die Schüler auf ihrer Liste die genannten Reizwörter, damit sichergestellt wird, dass jeder einmal drankommt.

So nimmt das gemeinschaftliche Erzählen seinen Gang, bis sich alle Schüler einbringen konnten oder bis sich die zufällig zusammengestoppelte Handlung im Kreise dreht und deshalb von Ihnen beendet werden muss.

Die Schneeballgeschichte lässt sich auch auf andere Formen der mündlichen Kommunikation übertragen. So ließe sich daran denken, dass die ganze Klasse eine Rede hält oder sich eine Reportage ausdenkt – jeweils auf der Basis entsprechender Reizwörter. Auch hier bleibt es den Schülern überlassen, das Wort an sich zu reißen oder es gleich wieder abzugeben.

Ein Beispiel für die Unterrichtspraxis:

DIE GESPENSTERGESCHICHTE

Oft wird darüber geklagt, die allgegenwärtige Herrschaft der Medien habe die jungen Leute der Literatur entfremdet. Wer seine komplexen Beziehungswelten über Facebook™ organisiere, der könne mit „Romeo und Julia auf dem Dorfe" nicht viel anfangen – so heißt es im kulturkritischen Milieu. Manches literarische Genre aber wird durch die Konkurrenz der Medien geradezu aufgewertet. Das gilt z.B. für die Gespenstergeschichte. Denn hier beflügelt der Verzicht auf alle visuellen Reize das Vorstellungsvermögen der Schüler. Die Spannung vermittelt sich ihnen nicht durch äußere Effekte, sondern über ihre ureigensten Ängste, Albträume und Szenarien.

Wer deshalb seinen Schülern zu nächtlicher Stunde und an einem unheimlichen Ort eine Gespenstergeschichte erzählen durfte, wird seine Schützlinge nicht wiedererkannt haben: So gar nicht abgebrüht, so ehrlich ergriffen, so ganz an den Lippen des Lehrers klebend – wie man sie sich auch beim „Erlkönig" oder bei „Belsazar" gewünscht hätte.
Darüber hinaus lernen die Schüler durch die Beschäftigung mit Gespenstergeschichten, mit welchen Mitteln sich in einem literarischen Text Spannung herstellen lässt. Sie erfahren hier, wie ein Leitmotiv die Konsistenz des Geschehens unterstreichen kann. Sie entdecken, wie sich die Handlung durch retardierende Momente hinauszögern lässt. Und sie erleben, wie Querverweise auf das Wetter, die Lichtverhältnisse oder die Geräuschkulisse den Leser in einen Zustand der Spannung versetzen können. Solche Spannungsmotive lassen sich dann auf andere Formen des Erzählens, wie die Bilder-, die Reizwort- oder die Fantasiegeschichte, übertragen.

Die folgenden Reizwörter zu einer Schneeballgeschichte sind drei klassischen Texten der Gespensterliteratur entnommen. Ihre Schüler haben die Aufgabe, daraus eine vielleicht nicht ganz logische Handlung zu konstruieren – aber auf jeden Fall eine, die jeden Zuhörer schaudern lässt:

Die Gespenstergeschichte

3

Fest	Keller	Krachen	Burg
Nacht	Stimme	Spuk	Tod

Fortsetzung ▶▶

Gerippe	Geläut	Ächzen	Mitternacht
Nebel	Treppe	Traum	Schritt
Blut	Staub	Maske	Pendel
Schrei	Dolch	Kette	Grab
Gespenst	Teufel	Regen	Stöhnen

13

Das Ergebnis dieses Erzählmarathons ist keine Geschichte, die irgendwelchen literarischen Ansprüchen gerecht würde – sondern eigentlich nur ein großer Spaß. Gleichzeitig kann hier jeder Schüler so viele Anstöße und Ideen mitnehmen, dass es ihm anschließend keine Mühe machen dürfte, sich eine eigene Geschichte auszudenken. Damit ist gerade solchen Schülern gedient, deren Kreativität nicht spontan abrufbar ist, sondern erst ganz vorsichtig wach gekitzelt werden muss.

Info-Büfett

Viele Schüler kapitulieren, wenn sich bei ihnen an manchen Tagen wieder einmal ein Berg von Hausaufgaben angehäuft hat. In diesem Fall raten wir Lehrkräfte ihnen, sich vom Umfang und vom Schwierigkeitsgrad des häuslichen Pflichtprogramms nicht einschüchtern zu lassen – sondern die anstehenden Hausaufgaben lieber in überschaubare Portionen aufzuteilen.

Dieses Prinzip der Portionierung lässt sich aber auch auf den Unterricht übertragen. Auch hier sind die Schüler leichter für manche Arbeiten zu motivieren, wenn sich ihr Engagement in genau umrissene Einzelaufträge zerlegen lässt. So reagieren viele Schüler mit Rückzug und Verweigerung, wenn sie einen ganzen Aufsatz zu schreiben haben. Gerade solche Schüler werden es uns danken, wenn wir von ihnen kein fertiges Opus erwarten, sondern uns mit einer Stoffsammlung, einem Schreibplan oder einer Gliederung zufrieden geben. Statt eines abgeschlossenen Textes könnte es ja auch mit einzelnen Aufsatzmodulen getan sein – vor allem dann, wenn sich diese schließlich zu einer Einheit zusammenfügen.

Auch beim **Info-Büfett** werden die einzelnen Aufträge so weit gestückelt, dass sie von den Schülern als verträglich empfunden werden.

Dazu wird den Schülern ein buntes Angebot von Aufgaben vorgelegt, aus denen sie dann eine Auswahl zu treffen haben. Entsprechend seinem Umfang und dem damit verbundenen Arbeitsaufwand wird jeder Auftrag bewertet: Für Aufgaben, die sich in kurzer Zeit erledigen lassen und an die Schüler eher geringe Anforderungen stellen, gibt es nur einen Punkt. Aufgaben, die sie für einen längeren Zeitraum in Anspruch nehmen und die ihre ganze Konzentration erfordern, werden dagegen mit fünf Punkten bewertet.

Die Schüler sind in ihrer Entscheidung völlig frei, müssen aber eine Auflage erfüllen: Die von ihnen zu bearbeitenden Aufgaben müssen sich auf mindestens acht Punkte summieren. Damit ist gewährleistet, dass der Aufwand vergleichbar bleibt – auch wenn die Schüler mit ganz unterschiedlichen Aufgaben befasst sind.

Ein Beispiel für die Unterrichtspraxis:
GRUNDFORMEN DES ARGUMENTIERENS

Sich mit den Argumenten anderer auseinanderzusetzen und selbst überzeugend zu argumentieren – das gehört zu den substanziellen Operationen menschlicher Kommunikation. Die Schüler sind damit im Deutschunterricht immer wieder befasst: Sie verfassen eine Erörterung, und sie analysieren politische Reden, sie entschlüsseln die Tricks der Werbesprache, und sie lernen die Bausteine eines Arguments kennen. Erst relativ spät hat der Deutschunterricht entdeckt, dass das richtige Argumentieren auch im Alltag unserer Schüler eine große Rolle spielt: Sie müssen ihren Eltern gegenüber begründen, warum sie neue Klamotten, längere Ausgehzeiten und mehr Taschengeld einfordern. Sie müssen sich ihren Lehrern gegenüber rechtfertigen, wenn sie keine Hausaufgaben vorzuweisen und ganze Unterrichtsstunden versäumt haben. Sie erleben die Erwachsenen als Menschen, die überzeugen und die überzeugt werden wollen. Und deswegen sollten sie auch für die Grundformen des Argumentierens zu motivieren sein.

Am **Info-Büfett** sind die Schüler dazu eingeladen, sich zu unterschiedlichsten Anlässen überzeugende Argumente einfallen zu lassen und dafür eine sprachliche Form zu finden. Sie selbst können dabei entscheiden, in welcher Stückelung sie sich diesem Auftrag unterziehen wollen.

Schlagende Argumente

Wer andere überzeugen will, braucht gute Argumente. Du findest hier unterschiedliche Anlässe, zu denen du dir solche Argumente einfallen lassen sollst. Für welchen Auftrag du dich entscheidest, das bleibt ganz dir überlassen. Dabei zeigt dir jeweils die angegebene Punktzahl, wie umfangreich und wie schwierig eine Aufgabe ist. Am Schluss solltest du auf eine Gesamtzahl von insgesamt acht Punkten kommen. Und nur du hast es in der Hand, wie sich diese Punkte verteilen.

1 Punkt	1 Punkt	1 Punkt	1 Punkt
Du denkst dir eine Geste aus, mit der die Zuschauer dem Schiedsrichter mitteilen, dass er falsch gepfiffen hat.	Du entwirfst ein Protestplakat gegen den Aufmarsch von Neonazis in deinem Heimatort.	Du lässt dir ein Produkt einfallen, das bisher noch nicht auf dem Markt war, und überlegst dir dazu einen passenden Werbespruch.	Du sprichst auf einen Anrufbeantworter und begründest dabei, warum du einen Termin nicht einhalten kannst.
2 Punkte	**2 Punkte**	**2 Punkte**	**2 Punkte**
Du beschwerst dich bei deinem Frisör über den letzten Haarschnitt und verlangst dein Geld zurück.	Du schreibst dir auf einem Spickzettel alle Argumente auf, mit denen du dich auf die Taschengeldverhandlungen mit deinen Eltern vorbereitest.	Du überlegst dir einen Zettel für die Windschutzscheibe, damit eure Lehrer nicht länger im Schulhof parken.	Du twitterst deinem besten Freund einen Kurztext, in dem du für eine lang geplante Party absagen musst.

Fortsetzung ▶▶

3 Punkte	3 Punkte	3 Punkte	3 Punkte
Du entwirfst den Text für eine Unterschriften-sammlung, mit dem du in der Fußgängerzone die Passanten ansprechen möchtest.	Du hörst dich bei deinen Leh-rern und Mit-schülern um und lässt dir Argu-mente für oder gegen ein Tattoo nennen.	Du schaust dir eine Folge von „Richter Alexan-der Hold" oder eine andere Ge-richtsshow an und formulierst für den Ange-klagten ein Schlussplädoyer.	Du trägst zehn todsichere Aus-reden zusam-men, mit denen du dein Zu-Spät-Kommen in der Schule begründest.
4 Punkte	**4 Punkte**	**4 Punkte**	**4 Punkte**
Du schreibst die örtlichen Ver-kehrsbetriebe an und begründest, warum du in der Straßenbahn ohne Fahrschein unterwegs warst.	Du formulierst eine Ansprache vor der Schul-versammlung, in der du für deine Jahrgangsstufe eine zusätzliche Klassenfahrt forderst.	Du schreibst an Dieter Bohlen und begründest, warum gerade du in der aktuel-len Staffel von „Deutschland sucht den Super-star" mitwirken solltest.	Du nimmst dir einen Abschnitt eurer Hausord-nung vor und lässt jeder Vorschrift und jedem Verbot jeweils eine Begründung folgen.
5 Punkte	**5 Punkte**	**5 Punkte**	**5 Punkte**
Du entwirfst den Text einer Inter-net-Petition, die ein aktuelles Thema zum Inhalt hat und sich an den Deutschen Bundestag richtet.	Du greifst einen Artikel aus der Tageszeitung von heute auf und verfasst dazu einen Kommentar.	Du verfasst ei-nen Kommentar für die Schüler-zeitung, in dem du forderst, dass die Lehrkräfte künftig von ih-ren Schülern benotet werden sollen.	Du entwirfst ein Flugblatt zu ei-nem aktuellen Ärgernis in dei-ner Nachbar-schaft (das du gern erfinden kannst). Dazu musst du dir auch ein geeig-netes Layout einfallen lassen.

Wie für jede Spielart einer Differenzierung im Klassenzimmer gilt auch hier: Weil sich jeder Schüler sein Arbeitsprogramm selbst zusammengebastelt hat, werden alle gespannt sein, was im Rahmen dieses Info-Büfetts herausgekommen ist. Und die Schüler werden es Ihnen danken, dass die Ergebnisse hier nicht nur vorgelesen werden. So kann das Flugblatt für alle kopiert werden, so kann die Twitter-Botschaft für alle auf das Smartphone überspielt werden, und so kann ein Schüler mit der ganzen Klasse einüben, wie man einem Schiedsrichter einmal so richtig die Meinung sagt.

Sammelsurium

Das Sammeln und Jagen haben wir Menschen im Blut. Und auch die jungen Leute machen da keine Ausnahme. Sie wollen sich auf eigene Faust Informationen beschaffen, Materialien sichten und Quellen erschließen. Diese Freude am Sammeln bedient das **Sammelsurium**. Dabei handelt es sich um eine Mappe, in der die Schüler die Belege ihrer Recherchetätigkeit zusammentragen. Im Sammelsurium hat der Text aus einem antiquarisch erstandenen Werk ebenso seinen Platz wie irgendeine Scheußlichkeit als Dokument moderner Alltagskultur. Hier finden sich Beiträge, die die Schüler selbst formuliert haben, Kopien aus Büchern und Zeitschriften, aber auch Texte, die sie aus dem Internet heruntergeladen haben. Damit ist das Sammelsurium ein **Portfolio** ganz besonderer Art: Im Mittelpunkt stehen hier nicht eigene Texte, sondern das, was die Schüler anderswo aufgespürt und zusammengetragen haben. Dazu wird den Schülern zunächst ein Thema vorgegeben, zu dem sie in unterschiedlichen Zusammenhängen fündig werden sollen. Darüber hinaus werden ihnen zahlreiche Kategorien genannt, zu denen sie sich jeweils nach geeigneten Beispielen umzuschauen haben.

Bis zu einem vorgegebenen Zeitpunkt werden sich die Schüler dann auf Spurensuche begeben: Sie werden ganze Bibliotheken durchkämmen, werden sich bei Wikipedia oder in sozialen Netzwerken kundig machen oder wenigstens bei der Zeitungslektüre auf einen Zufallsfund stoßen. Was sie hier an brauchbaren Dokumenten finden, wandert in das Sammelsurium. Und wenn die Schüler wirklich mit Entdeckerdrang und Sammelleidenschaft am Werk waren, werden sie viel mehr Kategorien bedienen können, als es von ihnen ausdrücklich verlangt wird.

Deshalb beginnt anschließend die große Zeit des Sichtens und Sortierens: Die Schüler werden sich für eine begrenzte Zahl von Fundstücken entscheiden müssen. Und dabei werden nur solche Dokumente in die engere Wahl kommen, die besonders selten, besonders originell oder besonders aufschlussreich sind. Hier kann sich jeder mit den Belegen präsentieren, auf die er besonders stolz sein kann.

Auch das Sammelsurium lässt den Schülern die Wahl: Sie können sich hier mit den nächstbesten Belegen zufrieden geben oder so lange suchen und recherchieren, bis sie wirklich auf etwas ganz Besonderes stoßen. Sie können hier Dienst nach Vorschrift machen oder professionelle Archivare vor Neid erblassen lassen. Denn sie bestimmen selbst, in welchem Umfang sie sich einbringen wollen.

Ein Beispiel für die Unterrichtspraxis:
DIE LIEBE ALS LITERARISCHES MOTIV

Der Deutschunterricht hat anderen Fächern voraus, dass er sich mit denselben Themen beschäftigt, die auch die jungen Leute umtreiben. Die Liebe ist so ein Thema, das die Literatur und die Schüler in gleicher Weise fasziniert. Was die jungen Leute als ein oft diffuses Gefühl erleben, erhält in der Literatur eine sprachliche Form und wird dadurch kommunizierbar.

Der Deutschunterricht tut sich aber keinen Gefallen, wenn er sich mit Liebeslust und Liebesleid immer nur auf der Ebene ausgesuchter literarischer Meisterwerke abgibt. Auch in der unbeholfenen Liebesbeichte, dem abgedroschenen Liebesgedicht oder dem schwülstigen Liebesroman spiegelt sich etwas von dem besonderen Erregungszustand, in dem sich Verliebte nun einmal befinden – und sei ihre Liebe auch noch so unglücklich.

Deshalb kann es einen gelungenen Einstieg in das Thema bedeuten, wenn Sie Ihre Schüler erst einmal losschicken: um nach beispielhaften Texten, sachdienlichen Informationen oder abschreckenden Beispielen zu suchen. Mit dem Sammelsurium verfügen Sie über einen methodischen Rahmen, damit die Recherchen der Schüler nicht im Unverbindlichen versanden.

Andererseits kann sich in Form eines solchen Portfolios jeder Schüler im Rahmen seiner besonderen Stärken und Schwächen einbringen. Wem das Thema eher peinlich ist, der kann sich auf skeptische oder satirische Beiträge stürzen, mit denen man sich dem heiklen Thema aus einer kritischen Distanz nähern kann. Wem es aber mit der Liebe schon ganz ernst ist, der kann Zitate, Gedichte oder Lieder sammeln, die ihm selbst etwas bedeuten und die für die selbsterlebten Gefühle eine angemessene literarische Form bieten. Der thematische Rahmen eines Portfolios zum Thema „Liebe", im Folgenden für die Oberstufe aufbereitet, ist weit genug gesteckt, um allen Schülern ausreichend Raum zur Entfaltung zu gewähren.

5

„LIEBESDINGE"

Ein Portfolio für den Deutschunterricht

Die Liebe war für die Menschen schon immer ein Grund, um sich der Poesie zu bedienen. Darum ist die Liebe auch seit alters her ein Thema für den Deutschunterricht. Innerhalb der nächsten zwei Wochen sollen Sie deshalb auf Spurensuche gehen – um besonders bemerkenswerte Dokumente für die Liebe in Alltag und Literatur zusammenzutragen. In einer Portfoliomappe sollten Sie dann zwölf besonders eindrucksvolle Belege abheften, in denen sich ganz unterschiedliche Menschen zum Thema „Liebe" äußern. Dazu können Sie zwischen 24 Kategorien wählen:

1. Besonders bemerkenswerte Definitionen der Liebe aus unterschiedlichen Epochen und Kulturen.

2. Eine Sammlung besonders schriller Liebessymbole, auf die Sie im Internet gestoßen sind.

3. Das Bekenntnis „Ich liebe dich" in möglichst vielen Sprachen.

4. Ein ganz und gar banaler Text über die Liebe, wie Sie ihn in einem modernen Lebensratgeber gefunden haben.

5. Eine Zeitungsmeldung, aus der hervorgeht, wozu verliebte Menschen alles in der Lage sind.

6. Ein Liebesbrief aus der Feder einer geschichtlichen Persönlichkeit, die sich sonst eher durch politische, wissenschaftliche oder technische Leistungen einen Namen gemacht hat.

7. Eine besonders einfallslose Anzeige, mit der für den Valentinstag geworben wird.

8. Eine Aufstellung der zwölf schönsten Liebesromane der Weltliteratur – die die Menschen auch heute noch zu Tränen rühren.

9. Das Liebesgedicht eines Dichters, der zu seiner Entstehungszeit exakt so alt war, wie Sie heute sind.

10. Ein Auszug aus einem Ratgeber mit Empfehlungen für das Anbandeln und Flirten, der mindestens 100 Jahre alt sein sollte.

Fortsetzung

11. Eine besonders originelle Liebeserklärung, die Ihnen irgendwo aufgefallen ist.

12. Eine Kontaktanzeige, bei der Sie sich ziemlich sicher sind, dass sie frei erfunden ist.

13. Ein Gedicht, mit dem ein Mann einem anderen Mann seine Liebe gesteht (oder eine Frau einer anderen).

14. Eine Auflistung der Balzrituale in anderen Zeiten und Kulturen.

15. Eine besonders provokative Darstellung der menschlichen Liebe in Gemälde, Karikatur oder Foto.

16. Ein Aphorismus zum Thema „Liebe", der sich einem erst beim zweiten oder dritten Lesen erschließt

17. Eine Aufstellung der 20 übelsten Sprüche, mit denen junge Frauen in der Disko oder in sozialen Netzwerken angebaggert werden.

18. Ein Liebesgedicht, das so direkt, derb und deutlich formuliert ist, dass es auch heute noch in keinem Lesebuch abgedruckt würde (gegebenenfalls als QR-Code).

19. Ein Stadtplan mit den besonders romantischen Orten im Stadtgebiet.

20. Ein historischer Kriminalfall, der beweist, wozu die Menschen aus verschmähter Liebe fähig sind.

21. Eine Seite mit Hochzeitsanzeigen, die in jeder Hinsicht aus dem Rahmen fallen.

22. Ein Bericht über Paarungsrituale und Hochzeitsbräuche in Naturvölkern.

23. Ein Liedtext, bei dem es um enttäuschte oder verschmähte Liebe geht.

24. Ein Liebesgedicht, dessen Verfasser sich bereits im Rentenalter befand.

Auch diese Aufgabe enthält ein gewisses Risiko: Denn jedem Schüler ist es freigestellt, bis an die Grenze der Belastbarkeit zu gehen oder größtmögliche Zurückhaltung zu üben. In der Regel haben die Schüler aber gar kein Interesse daran, sich hier möglichst billig davonzustehlen. Sie haben sich für bestimmte Aufgaben entschieden und versprechen sich davon neue Erfahrungen und originelle Anstöße. Die aber sind ohne ein gewisses Engagement nicht zu haben. Das wissen die Schüler und deswegen sind sie auch bereit, hier Zeit und Köpfchen zu investieren. Mit einer „schnellen Nummer" ist es eben auch hier nicht getan.

UNTERSCHIEDLICHER SCHWIERIGKEITSGRAD

Dass sich manche Schüler mit ihren schulischen Aufgaben eher leicht- und andere eher schwertun – das ist eine Binsenweisheit. Gescheitert sind bisher alle Versuche, diese Leistungsunterschiede mit den Mitteln der äußeren Differenzierung aufzufangen: Die Sortierung der Schüler innerhalb eines mehrgliedrigen Schulsystems ist genauso fehlgeschlagen wie ihre Aufteilung auf niveaudifferenzierte Lerngruppen. Noch in jeder Hochbegabtenklasse gibt es deutliche Unterschiede hinsichtlich des Arbeitstempos, der Auffassungsgabe oder des Abstraktionsgrades. Alle Bemühungen um die Bildung homogener Lerngruppen haben sich deshalb als untauglich erwiesen. Wo immer in Deutschland unterrichtet und gelernt wird – ohne Unterschiede in Anspruch und Leistung scheint es nun einmal nicht abzugehen.

Die meisten Lehrkräfte haben daraus ihre Konsequenzen gezogen: Sie passen den Schwierigkeitsgrad der gestellten Aufgaben einem virtuellen Durchschnittsschüler an, den sie irgendwo zwischen „lernbehindert" und „hochbegabt" ansiedeln. Die Folgen einer solchen Uniformierung des Lernens sind bekannt: Die einen fühlen sich ziemlich schnell überfordert, und die anderen beginnen, sich schon bald zu langweilen. Interessanterweise reagieren beide Gruppen ganz ähnlich: Sie lassen sich leicht ablenken und vertreiben sich die Zeit mit allerlei Unfug, was das Unterrichten für die Lehrkräfte zu einer echten Kraftprobe werden lässt.

Erfolgversprechender als alle Versuche einer äußeren Differenzierung wäre es deshalb, wenn die Schüler mit unterschiedlichen Aufgaben befasst wären und wenn diese jeweils nach ihrem Schwierigkeitsgrad gestaffelt würden. So kann sich die ganze Klasse mit einem gemeinsamen Thema beschäftigen – ohne dass einzelne Schüler den anderen vorauseilen oder hinter ihnen zurückbleiben. Wenn es im Deutschunterricht z.B. um „Fremdwörter" geht, lässt sich dieses Thema wie ein gemeinsamer Schirm über die ganze Klasse spannen. Den Schülern aber bleibt es überlassen, sich mit dem gemeinsamen Rahmenthema so auseinanderzusetzen, wie es ihren individuellen Möglichkeiten entspricht: Da können sich einzelne Schüler daran machen, die

Fremdwörter innerhalb eines Textes zu orten und dazu ein Glossar zu erstellen. Andere können den Bedeutungen der einzelnen Fremdwörter nachgehen und diese ins Deutsche übertragen. Wieder andere können sich mit der Etymologie der Fremdwörter beschäftigen und diese nach ihrer Herkunftssprache sortieren.

Diese arbeitsteilige Organisation des Unterrichts verhindert, dass die Schüler ihren Beiträgen entsprechend kategorisiert und stigmatisiert werden. Weil sie mit unterschiedlichen Aufgaben befasst sind, entziehen sich die Leistungen der einzelnen Schüler jeder Vergleichbarkeit. Nur den wenigsten ist deshalb bewusst, dass die Unterschiede zwischen den gestellten Aufgaben einem unterschiedlichen Schwierigkeitsgrad geschuldet sind. Wenn zum Abschluss einer Lerneinheit die unterschiedlichen Ergebnisse vorgestellt und ausgewertet werden, hat jeder Schüler etwas beizutragen – ganz unabhängig davon, wie viel ihm die einzelnen Aufgaben abverlangt haben. Hier kann wirklich jeder sein Bestes geben.

Das Additum

Schon jetzt nutzen viele Lehrkräfte die Möglichkeiten eines solchen **Additums**, auch wenn dafür zahlreiche andere Bezeichnungen im Umlauf sind. Und sogar in die Schulbücher hat diese Spielart der Aufgabendifferenzierung inzwischen Eingang gefunden.

Das Additum ist ein zusätzliches Angebot für besonders leistungsstarke Schüler, die sich durch die ihren Mitschülern gestellten Aufgaben nicht wirklich gefordert fühlen. Durch freiwillige Zusatzaufgaben haben sie die Chance, sich über die Routine des Übens und Wiederholens hinaus mit besonders kniffligen oder kreativen Aufgaben auseinanderzusetzen. Das gilt für die Aufgaben, die die Schüler im Rahmen des Unterrichts zu erledigen haben, ebenso wie für die oft ungeliebten Hausaufgaben. So stellt der Mathematiklehrer den Schülern als Additum eine Denksportaufgabe, die so manchen Kopf rauchen lässt. Im Fach Physik sind die Schüler zu Experimenten am häuslichen Küchenschrank eingeladen. Und im Geschichtsunterricht werden sie dazu angeregt, eine Ahnentafel für die eigene Familie zu erstellen.

Das Additum im Deutschunterricht kommt vor allem dem kreativen Anspruch des Fachs entgegen. Die Schüler sind hier aufgefordert, sich neue Texte einfallen zu lassen oder vorhandene zu verfremden. Das Sprachspiel und die Satire, die Verballhornung und die Überspitzung haben hier ihren Platz. Und von dieser Herausforderung werden sich nicht nur die besonders leistungsstarken Schüler angezogen fühlen – sondern alle, deren Kreativität bisher durch die Zwänge des Unterrichts abgewürgt wurde. Das Additum ist eben ein Angebot – ein Privileg ist es deshalb noch nicht.

Ein Beispiel für die Unterrichtspraxis:

SPRICHWÖRTER – LEICHT VERFREMDET

Sprichwörter gehören zum Kernbestand unserer Kultur. Sie werden deshalb immer wieder zitiert, abgewandelt oder in Frage gestellt. Wer am kulturellen Leben teilhaben will, muss hier über einen gewissen Grundbestand verfügen. Mit den Sprichwörtern verhält es sich deshalb ähnlich wie mit Märchen, Liedern oder Aphorismen: Wer hier nicht über ein entsprechendes Repertoire verfügt, wird mit vielen Zeugnissen unserer Kultur nicht viel anfangen können.

So mögen die Schüler am Morgen auf dem Weg zur Schule an einer Plakatwand vorbeikommen, auf der der Volkswagenkonzern für das neue Modell seines Transporters wirbt. Dazu stoßen sie auf den Slogan: „Sparsamkeit ist aller Laster Anfang."[14] Weil ihnen aber das Sprichwort „Müßiggang ist aller Laster Anfang" nicht vertraut ist, werden sie mit der gut gemeinten Werbung auch nicht viel anfangen können.

Die Schule hat die Aufgabe, die jungen Leute mit jenem Kanon an Sprichwörtern auszurüsten, den sich die Schüler früherer Generationen ohne jeden schulischen Beistand aneignen konnten – ganz einfach, weil damals der Umgang mit Sprichwörtern ein ganz selbstverständlicher Bestandteil der Alltagskommunikation war. Und so können auch Ihre Schüler entdecken: Mit den Sprichwörtern gebietet unsere Kultur über eine literarische Verfügungsmasse, an der auch wir uns bedienen können.

Im konkreten Fall haben die Schüler die Aufgabe, sich Werbeslogans einfallen zu lassen, die das semantische Grundgerüst eines Sprichworts aufgreifen, um dieses entsprechend umzuwidmen:

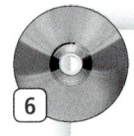

6

ALTE SPRÜCHE FÜR NEUE BOTSCHAFTEN

Ein Additum zum Thema „Sprichwörter"

Dass wir uns im Unterricht derzeit mit Sprichwörtern beschäftigen, wirst du vielleicht nicht besonders aufregend finden. Vielleicht kannst du diesem Thema aber trotzdem etwas abgewinnen, wenn du für unsere Zwecke eine kurze Karriere als Werbetexter machst und einzelne Sprichwörter so veränderst, dass sie bestimmte Güter oder Dienstleistungen bewerben!.

Fortsetzung

Du musst dazu nur das eine oder andere Wort verändern und oder die bekannten Sprichwörter einfach in einer neuen Umgebung platzieren – und schon ist aus einer steinalten Weisheit ein moderner Werbeslogan geworden. „Wer nicht lesen will, kann fühlen", „Aller guten Dinge sind vier", „Der Klügere liest nach"[15] – so verändern Werbetexter die guten, alten Sprichwörter für ihre Zwecke. Und das solltest auch du dir zutrauen.

Und diese Verballhornungen bekannter Sprichwörter könnten dabei herauskommen:

Produkt	Werbeslogan
Geldinstitut	Beim Geld fängt die Freundschaft erst an. SPARKASSE
Kehrgeräte	LEIFHEIT. Damit kehrt jeder gern vor der eigenen Tür.
Kochgeschirr	FISSLER währt am längsten.
Babynahrung	ALETE. Diesen Brei können auch viele Köche nicht verderben.
Unkrautvernichtungsmittel	Unkraut vergeht doch! COMPO
Haarentferner	Irren ist männlich. LADY SHAVE
Fernsehsender	Du sollst den Tag nicht vor den „Simpsons" verfluchen. PRO 7
Kaufhaus	Totgesagte leben länger. KARSTADT
Baumarkt	OBI macht den Meister.
Kondome	Vertrauen ist gut. LONDON GEFÜHLSECHT ist besser.
Computerspiele	Erst die Arbeit, dann NINTENDO.
Sekt	Was lange gärt, wird endlich gut. HENKELL TROCKEN

Wie bei vielen anderen Beispielen für die Unterrichtspraxis gilt auch hier: Sie müssen Ihre früheren Stundenentwürfe und Unterrichtsmaterialien nicht im Altpapiercontainer entsorgen – nur weil Sie sich für differenzierte Lernangebote entschieden haben. So werden Sie schon bisher einige Aufgaben im Programm gehabt haben, mit denen sich die Bedürfnisse besonders leistungsstarker Schüler bedienen lassen. Solche **Knobel- oder Eulenaufgaben** können jetzt als Additum zum Einsatz kommen – ohne dass das Rad deshalb von Ihnen neu erfunden werden müsste.

Natürlich kann es nicht damit getan sein, einzelnen Schülern mit dem Additum ein besonderes Schmankerl zu offerieren, während sich der Rest der Klasse mit den üblichen Routineaufgaben abmühen muss. Deshalb sollten die Ergebnisse des Additums anschließend allen Schülern zugänglich gemacht werden. So könnten die Schüler, die Sprichwörter zu Werbeslogans verfremdet haben, ihre kreativen Eingebungen vortragen und die anderen raten lassen, auf welches Produkt oder auf welche Marke diese zutreffen könnten. Und ganz nebenbei erreichen Sie so, dass sich die Kenntnisse aller über den Sprichwortschatz der Deutschen verbessern.

Enzyklopädisches Fließband

Die heterogene Zusammensetzung einer Schulklasse ist nicht nur den Unterschieden in Intelligenz und Arbeitstempo geschuldet. Gerade im Deutschunterricht zeigt sich immer wieder, wie unterschiedlich gut die Schüler auf die Inhalte des Fachs vorbereitet sind. So haben Kinder, denen in frühen Jahren regelmäßig vorgelesen wurde, einen erheblich leichteren Stand als alle, die mit dem Vorlesen erstmals in der Grundschule konfrontiert waren. Und so tun sich jene Schüler mit dem Erörtern leichter, in deren Elternhaus eine Kultur des Zuhörens und des Ausreden-Lassens praktiziert wird. Ihre Aufgabe als Lehrkraft wird es deshalb immer sein, die unterschiedlichen Vorkenntnisse abzugleichen, die Schüler zu einem Austausch ihres Wissens und ihrer Erfahrungen anzuregen und so die ganze Klasse auf einen vergleichbaren Wissensstand zu bringen.

Für einen solchen Abgleich der Vorkenntnisse bietet das **Enzyklopädische Fließband** einen praktikablen Rahmen. Diese Methode eignet sich vor allem für die Einführung eines neuen Themenkreises, wenn das Vorwissen und die Erfahrungen der Schüler abgefragt werden sollen.

Damit das Fließband später reibungslos rotieren kann, sitzen die Schüler hier im Kreis. Jeder erhält acht unbeschriebene Kärtchen, von denen er am Schluss möglichst wenige zurückbehalten sollte.

Das Fließband wird in Bewegung gehalten, indem einzelne, von der Lehrkraft beschriftete Briefumschläge von Schüler zu Schüler weitergereicht werden, auf denen jeweils ein Name oder ein Begriff steht.

Zu Beginn der Runde bekommt jeder Schüler einen davon und liest laut vor, was auf seinem Umschlag steht. So können sich die anderen schon einmal ein Bild davon machen, was alles im Angebot ist.

Dann wird das Fließband angeworfen. Falls einem Schüler zu einem Stichwort etwas Qualifiziertes einfällt, notiert er einen solchen Hinweis auf ein Kärtchen und steckt dieses in den entsprechenden Umschlag. So können die Schüler einen Begriff mit ihren Worten wiedergeben, die Lebensleistung einer bestimmten Persönlichkeit umreißen oder angeben, wo sie von einem bestimmten Sachverhalt schon gehört haben.

Was die Schüler mit einem Stichwort anfangen können und was sie damit assoziieren – das wird über das Enzyklopädische Fließband auf eine Reise durchs Klassenzimmer geschickt.

Die Schüler wissen, dass beispielsweise 24 Umschläge im Umlauf sind, dass sie aber mit acht Kärtchen auskommen müssen. Wer sich deshalb auf einem bestimmten Themengebiet gut auskennt, wird sich nur zu den Namen und Begriffen äußern wollen, vor denen andere vielleicht kapitulieren würden. Wer aber schon ahnt, dass ihm das Rahmenthema überhaupt nicht liegt, kann schon froh sein, wenn ihm zu dem einen oder anderen Stichwort überhaupt etwas einfällt. Wenn sich das Enzyklopädische Fließband z.B. um „Verfilmte Literatur" drehen soll, wird sich mancher eine Bemerkung zu „Herr der Ringe" oder „Harry Potter" abringen – weil er sich wenigstens mit diesen populären Stoffen auskennt. Ein anderer wird diese Umschläge vielleicht großmütig weiterreichen, weil ihm ja auch zu „Vom Winde verweht" oder zu „Jenseits von Eden" noch interessante Informationen einfallen könnten. So kann sich jeder auf seinem individuellen Wissensstand am Enzyklopädischen Fließband beteiligen – ohne dass mögliche Informationslücken vor der ganzen Klasse aufgedeckt würden.

Wenn alle Umschläge durchgereicht sind, wird eine erste Bilanz gezogen: In welchen Umschlägen sind die meisten Kärtchen gelandet? Welche Umschläge sind leer geblieben? Und wie brauchbar sind die Informationen, die in den Umschlägen abgelegt wurden?

Die Lehrkraft liest dazu beispielhafte Kärtchen vor – sei es, dass diese die geforderte Information auf den Punkt bringen, sei es, dass sie nur Unsinn enthalten. So haben alle Schüler Gelegenheit, sich auf eine gemeinsame Informationsbasis zu verständigen.

Ein Beispiel für die Unterrichtspraxis:
BESUCH IN EINER BIBLIOTHEK

Auf der Agenda der Bildungsforscher beansprucht die Leseförderung einen der vorderen Plätze. Denn wir haben es an den Schulen heute mit einer Generation von Lesemuffeln zu tun, die sich damit auch jeder kulturellen Teilhabe entzieht. Die Schule würde sich aber überfordern, wollte sie die Leseförderung ganz alleine stemmen. Sie ist dabei auf wichtige Kooperationspartner angewiesen: Bibliotheken und Buchhändler, Autoren und Verlage, Politik und Medien. In einer konzentrierten Aktion müssen sie alle den jungen Leuten Angebote machen, damit diese nicht zu kulturellen Analphabeten degenerieren. Die Schule kann hier oft nur die Funktion eines Maklers übernehmen, der die entsprechenden Kontakte anbahnt und den Schülern einen Zugang zum literarischen Leben eröffnet.

Deshalb gehört ein Besuch in der Bibliothek zu den Standards der literarischen Bildung. Dabei ist die örtliche Stadt- oder Kreisbibliothek immer der eigenen Schülerbücherei vorzuziehen, weil den Schülern hier ein breiteres Angebot zur Verfügung steht und weil sie irgendwann einmal den Weg aus dem geschützten Schonraum der Schule finden müssen. Damit sich die Schüler auf ihren Besuch in der Bibliothek optimal vorbereiten können, sollten vorab schon einmal die Begriffe geklärt werden, mit denen sie es hier zu tun haben und die von mancher Bibliothekarin als ganz selbstverständlich vorausgesetzt werden. Um hier ein entsprechendes Begriffsrepertoire aufzubauen, kann das Enzyklopädische Fließband angeworfen werden. Und das könnten dabei die Begriffe sein, zu denen sich die Schüler erklären sollen:

7

Besuch in einer Bibliothek

Apparat	Archiv	Artothek	Belletristik
Bibliografie	Bücherkiste	Datenbank	Dissertation
Freihandbibliothek	Graue Literatur	Klassifikation	Lesenacht
Lesepate	Lesesaal	Medien	Mikrofiche
Monografie	Multimedia	Navigation	Periodika
Recherche	Referenzwerk	Rezension	Schreib-Werkstatt

Wenn die Umschläge dann ausgewertet werden, werden alle Begriffe erklärt und erläutert – auch diejenigen, zu denen den Schülern partout nichts eingefallen ist. Beim geplanten Besuch in der Bibliothek sollten sich dann alle angesprochen fühlen, wenn ihnen die Bibliothekarin erklärt, wo die Periodika stehen, welche Medien hier vorgehalten werden und warum die Stadtbücherei als Freihandbibliothek organisiert ist. Wenn dann auch noch eine Schülerin von sich aus nachfragt, ob hier auch Graue Literatur gesammelt wird – dann hat das Enzyklopädische Fließband offensichtlich seinen Zweck erfüllt.

Leiteraufgaben

Mit einfachen Aufgaben zu beginnen, um dann den Schwierigkeitsgrad Schritt für Schritt zu steigern – nach diesem Prinzip gehen wohl alle Schulfächer vor.

So wird die Mathematiklehrerin den Schülern zunächst Rechenaufgaben vorlegen, wie sie im Unterricht schon oft geübt wurden – und sie erst später mit kniffligen Problemen ihres Fachs behelligen. Und auch der Sportlehrer wird an den Beginn seiner Stunde solche Übungen stellen, die auch unbeholfene Schüler noch meistern können – bevor er sich an Flickflack und Salto heranwagt. Mit den Leiteraufgaben lässt sich dieses Prinzip im Unterricht institutionalisieren, und die Schüler werden schon bald gelernt haben, mit dieser Methode ganz selbstverständlich umzugehen.

Die Leiteraufgaben greifen das Bild einer Leiter auf, die man Sprosse für Sprosse erklimmt – um sich immer mehr zuzutrauen und zuzumuten. Ähnlich den Sprossen sind auch hier die Aufgaben ihrem Schwierigkeitsgrad entsprechend gestaffelt. Die Schüler beginnen also mit einer Aufgabe, die sich alle zutrauen dürfen, und steigern sich dann von Aufgabe zu Aufgabe. Sie haben jeweils selbst zu entscheiden, wie lange sie noch mithalten können und wann sie lieber aufgeben möchten. Wer sich also durch die eingangs gestellten Aufgaben unterfordert fühlt, der kann sich das Ziel setzen, möglichst bis zur letzten Aufgabe durchzuhalten und diese dann auch noch richtig zu beantworten. Wer sich aber schon mit den ersten Aufgaben schwertut, der sollte sich nicht dafür schämen müssen, wenn er sich vorschnell zum Aufgeben gezwungen sieht. Natürlich kann es auch vorkommen, dass ein Schüler an der nächsten Aufgabe scheitert, die übernächste aber wieder beantworten kann. Eine lineare Staffelung des Schwierigkeitsgrads ist eben nicht immer möglich. Die Schüler kommen jeweils so weit, wie es ihren Möglichkeiten entspricht – und beschäftigen sich doch alle mit demselben Thema. Denn die einzelnen Aufgaben sind ähnlich strukturiert und variieren lediglich einen bestimmten Lerninhalt. Man könnte auch sagen: Alle lernen das Gleiche – aber mit unterschiedlicher Intensität.

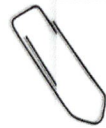

Ein Beispiel für die Unterrichtspraxis:

GRIMMS MÄRCHEN – AUF DEN PUNKT GEBRACHT

Immer wieder greifen aktuelle Texte die Motive der deutschen Hausmärchen auf, um sich auf diese zu berufen oder um sie in Frage zu stellen. Viele Schüler können aber mit solchen Anspielungen nicht viel anfangen, weil ihnen nicht einmal die Klassiker der Märchenliteratur vertraut sind. So fühlen sie sich nicht angesprochen, wenn den Politikern in einem Fernsehkommentar vorgeworfen wird, in Wahlkampfzeiten nur noch Kreide zu fressen und das Spieglein an der Wand zu befragen. Wem in seiner literarischen Sozialisation weder „Der Wolf und die sieben Geißlein" noch „Schneewittchen" begegnet sind, wird solche Verweise nicht zu deuten wissen. Deshalb muss im Deutschunterricht nachgeholt werden, was in vielen Familien schon lange nicht mehr stattfindet: Die Schüler müssen hier Gelegenheit haben, die wichtigsten deutschen Hausmärchen kennenzulernen.

Oft verschwinden diese Märchen hinter einem antiquierten Sprachduktus, der manchem Literaturliebhaber gefallen mag, die Verständlichkeit der Texte für junge Leute aber nachhaltig erschwert. Nicht jedes Kind weiß eben, was es sich unter einem „Gespinst", einer „Muhme" oder einem „Machandelbaum" vorzustellen hat. Deshalb muss es auch ein Anliegen des Deutschunterrichts sein, diesen Zugang zu den deutschen Hausmärchen möglichst barrierefrei zu gestalten. Man kann solche Märchen nun einmal im Habitus einer altväterlichen Fabulierkunst erzählen – aber auch in der Diktion einer modernen Boulevard-Zeitung. Und genau darauf heben die folgenden Leiteraufgaben ab:

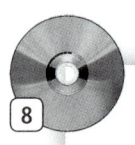

8

In der Presse:
So haben sich unsere Märchen noch nie angehört

So viele Märchen wie die Schüler vor 100 Jahren kennst du sicherlich nicht. Aber wenigstens die klassischen Märchen der Brüder Grimm werden dir vertraut sein. Viele Märchen sind so grausam, aber auch so voller verrückter Einfälle, dass sich dafür sogar die Leser der Boulevard-Zeitungen interessieren würden. Wie aber würden große Boulevard-Zeitungen heute darüber berichten?

Fortsetzung

Du findest hier Schlagzeilen, die die Handlung eines deutschen Märchens zum
Gegenstand haben – und das so, dass auch der durchschnittliche Leser einer
Boulevardzeitung damit zu beeindrucken wäre. Trage in der rechten Spalte ein,
welches Märchen jeweils zu den Schlagzeilen in der Mitte passen würde.
Du wirst bald merken, dass dir diese Aufgabe zunächst sehr leicht fällt, dass
es dann aber immer schwieriger wird. Lasse dich davon nicht abschrecken,
sondern bearbeite einfach die Aufgaben, bei denen du noch mithalten kannst
(auch wenn du die eine oder andere Aufgabe zwischendrin auslassen musst).

Und das sind die Schlagzeilen, die nach dem Prinzip der Leiteraufgaben
sortiert sind:

Nr.	Schlagzeile	Märchen
1	Unglaublich! Herzlose Eltern setzen Kinder im Wald aus.	
2	Und das in unseren Wäldern: Oma und Enkelkind von wildem Tier zerfleischt.	
3	Die geheimnisvolle Schlafkrankheit: Der erste Fall!	
4	Der Schönheitswahn treibt es immer toller: Junge Frau hackt sich Ferse ab.	
5	Vor lauter Wut: Kleinwüchsiger sprengt sich selbst in die Luft.	
6	Sensationelle Wende bei DSDS: Kreide gefressen – plötzlich mit neuer Stimme.	
7	Heidi Klum will es noch mal wissen: Wer ist die Schönste im Land?	
8	Frierend und nackt: Da kam der Geldregen gerade recht.	
9	Da muss es jemand gut mit uns meinen: Schnee! Schnee! Nichts als Schnee!	

Fortsetzung ▶▶

10	Medizinisches Wunder: Tränenflüssigkeit lässt Blinde wieder sehen.	
11	Verrückt: Er hat alles verloren – und es geht ihm richtig gut.	
12	Die Euro-Krise wird immer verrückter: Geht es mit dem Goldesel wieder aufwärts?	
13	Kein Ostfriesenwitz: Fischersfrau will sein wie Gott.	
14	Er hatte keine Chance: Liliputaner von Bären erschlagen.	
15	Super!!! Mutter fischt Findelkind aus eiskaltem Wasser.	
16	Die erste Heilung: Neues Wunderwasser entdeckt.	
17	Ihre Haare hatten es ihm angetan: Adliger heiratet Suppenmamsell.	
18	Sie war schon klinisch tot: Blutsauger holt junge Frau ins Leben zurück	

16

Es bietet sich an, diese Leiteraufgaben zunächst von den Schülern in Stillarbeit lösen zu lassen. Dann sollten sich die Schüler aber auf Gruppen verteilen und ihre Ergebnisse miteinander vergleichen. Wenn Sie darauf bestehen, dass die Gruppen nach dem Losverfahren zusammengesetzt werden, können Sie in jeder Gruppe mit einem gewissen Leistungsgefälle rechnen. Dieses Gefälle garantiert, dass es zu einem wirklichen Austausch kommt: Diejenigen, die es bis zu den höheren Sprossen geschafft haben, werden den anderen zu berichten haben, worum es in diesen Märchen geht und was es mit den entsprechenden Schlagzeilen auf sich hat. Diejenigen aber, für die schon auf den unteren Sprossen Schluss war, werden sich über bislang unbekannte Märchenstoffe kundig machen. Nehmen und Geben sind in heterogenen Lerngruppen eben nie so richtig zu trennen.

Die Lerntreppe

Wissen, Erkennen, Können, Bewerten – das waren lange Zeit die Bausteine, die sich
zu einem Lehrplan zusammenfügten. Und bis vor Kurzem galten solche Lehrpläne als
die wichtigsten Navigationshilfen schulischen Lernens. Ein grundlegender Paradigmenwechsel hat dazu geführt, dass heute nicht mehr die Lehrpläne, sondern verbind-
liche und vergleichbare Kompetenzstufen den Kurs vorgeben. Aufgeschreckt durch
die Ergebnisse der internationalen PISA-Studie und eingeschworen auf bundesweit
gültige Bildungsstandards, interessieren sich die Verantwortlichen heute eher für das,
was die Schüler tatsächlich können – und weniger für das, was die Lehrer ihnen so
alles beibringen. Diese Kompetenzorientierung ist zum alleinigen Leitfaden schulischen Lernens geworden: Was ein Schüler tatsächlich gelernt hat, entscheidet sich
daran, wie er das Gelernte anzuwenden und umzusetzen vermag. In der Diktion der
Schüler schlagen sich solche Lernfortschritte in einem selbstbewussten „Ich kann …"
nieder. Yes, I can.

An der Entwicklung ihres Könnens können die Schüler erkennen, welche Lernfortschritte sie bereits hinter sich gebracht haben und welche Wegstrecke noch vor ihnen
liegt. Die neue Monokultur des Könnens geht davon aus, dass die einzelnen Lernfortschritte aufeinander aufbauen und sich daraus eine lineare Abfolge von Kompetenzstufen konstruieren lässt. Dieses Konstrukt lässt sich mit dem Bild einer Treppe vergleichen, auf der die Schüler Stufe für Stufe nehmen und sich so allmählich zu
Alleskönnern ausbilden.

In manchen Grundschulen wird im Klassenzimmer festgehalten, wie groß die Schüler
zu Beginn des Schuljahres waren – und wie sie im Verlauf eines Jahres gewachsen
sind. Ähnlich funktioniert auch das Prinzip der Lerntreppe: Hier wird zu Beginn einer
Lerneinheit für jeden einzelnen Schüler überprüft, was er bereits kann und auf welcher Kompetenzstufe er damit agiert. Davon ausgehend wird dann zusammen mit
dem Schüler festgelegt, bis zu welcher Kompetenzstufe er es bis zum Abschluss der
Unterrichtseinheit bringen möchte.

Auf einem Arbeitsblatt sind diese Kompetenzen aufgelistet. Hier wird markiert, wo
sich ein Schüler gerade befindet und welche Lernfortschritte ihm zuzutrauen sind.
Im Sinne einer Angebotsdifferenzierung werden solche Optionen nicht vorgegeben,
sondern von den Schülern als Erwartungen an sich selbst formuliert. Dabei sind diese
auf die Unterstützung des Deutschlehrers angewiesen: Er hilft ihnen, ihr aktuelles
Können ehrlich zu bewerten und sich selbst realistische Ziele zu setzen.

Darüber hinaus fungiert der Deutschlehrer als Hüter eines Materialfundus, in dem die
Schüler stöbern und fündig werden dürfen. Sei es, um sich ein neues Thema zu er-

schließen – sei es, um ihren Zugewinn an Wissen und Können zu überprüfen. So verfügt der Lehrer über Prüfungsaufgaben, an denen sich die Lernfortschritte der Schüler messen lassen. Er verfügt aber ebenso über Aufgabenblätter, mit denen sich die Schüler in einen neuen Lerninhalt einarbeiten können. Solche Materialien sind auch in der Freiarbeit im Einsatz. Und sie helfen den Schülern bei ihren ersten Schritten auf einem für sie noch fremden Terrain.

Auch hier müssen Sie das Rad nicht jedes Mal neu erfinden: Sie haben über die Jahre hinweg zahlreiche solcher Arbeitsblätter und Testaufgaben gesammelt, auf die Sie jetzt in einem anderen Zusammenhang zurückgreifen können. Und Sie haben in der Regel ein Team an der Seite, um die notwendigen Materialberge arbeitsteilig zu stemmen.

Im Rahmen eines individuellen Logbuchs halten die Schüler fest, wie weit sie bereits gekommen sind und welche Kompetenzstufen sie noch erreichen wollen. So wird die Lerntreppe zu einer verlässlichen Norm, an der sich ihre Lernfortschritte messen lassen.

Ein Beispiel für die Unterrichtspraxis:
DAS EINMALEINS DER SATZGRAMMATIK

Die Sprache ist ein äußerst komplexes Phänomen. Auch durch die fortwährende Segmentierung, Fraktionierung und Portionierung des Ganzen kommt man ihren Geheimnissen nicht auf die Spur. Dazu wäre es nämlich notwendig, die Beziehungen zwischen einzelnen Lauten, Bedeutungen, Wörtern, Formen oder Satzteilen zu erschließen.

In diesem Zusammenhang sind die Schüler erstmals mit den Gesetzmäßigkeiten der Satzgrammatik konfrontiert. Ging es bei der Erforschung der Wortgrammatik noch um einzelne Wörter und deren Formenreichtum, so haben sich die Schüler jetzt mit deren Funktion in einem syntaktischen Gesamtzusammenhang zu beschäftigen. Konkret geht es dabei um die Unterscheidung von vollständigen und unvollständigen Sätzen, um die Aufgliederung des Satzganzen in Subjekt, Prädikat oder Objekt und um das Verhältnis von Haupt- und Gliedsatz. In solchen wenig unterhaltsamen Lektionen erfahren die Schüler, dass es sich bei der Sprache um keine Aneinanderreihung einzelner Elemente, sondern um ein ausgeklügeltes System von Beziehungen handelt.

Die Lerntreppe hilft den Schülern dabei, sich ein Bild vom Stand ihrer syntaktischen Kenntnisse zu machen. Dem Paradigma der Kompetenzorientierung folgend, beginnt dabei jede Formulierung mit den Worten: „Ich kann …". Für die ersten Stufen der Lerntreppe sind dabei sehr einfache Kompetenzen angegeben, die sich die Schüler vielleicht schon in der Grundschule angeeignet haben. Mit jeder weiteren Stufe wachsen auch Niveau und Anspruch nach oben, sodass die ganze Lerntreppe nur von besonders leistungsstarken Schülern absolviert werden kann.

Mit seiner Unterschrift beglaubigt der Lehrer, dass ein Schüler eine bestimmte Kompetenzstufe erreicht und die angegebene Leistung tatsächlich erbracht hat.

Perfekt in der Satzgrammatik

Im Deutschunterricht habt ihr euch bisher immer wieder mit dem Aufbau eines Satzes beschäftigt. Dabei seid ihr unterschiedlich weit gekommen. Markiere mit einer Büroklammer von unten aufsteigend, auf welcher Stufe der folgenden Lerntreppe du dich schon ganz sicher fühlst. Und markiere mit einer zweiten Klammer weiter oben, wie weit du im Rahmen dieser Unterrichtseinheit kommen willst. Dabei tust du dir keinen Gefallen, wenn du dir zu wenig zutraust. Du bist aber auch nicht gut beraten, wenn du dich hier überforderst.

Anschließend notierst du auf, was du alles dazugelernt hast – und das von unten nach oben aufsteigend. Vielleicht kann dir das dein Lehrer jeweils auch mit seiner Unterschrift bestätigen.

Ich kann …

… die consecutio temporum (Zeitenfolge) innerhalb eines Satzgefüges richtig anwenden.

… jeden Satz nach den Regeln der Konstituentengrammatik zerlegen und in der Form eines Satzbaums darstellen.

… die Kommata innerhalb eines Satzgefüges jeweils richtig setzen.

… die unterschiedlichen Konjunktionalsätze richtig benennen.

… Relativsätze, Konjunktionalsätze und indirekte Fragesätze voneinander unterscheiden.

Fortsetzung

… einen Gliedsatz jeweils in einen Hauptsatz umformen.

… an der Wortstellung erkennen, ob es sich jeweils um einen Hauptsatz oder um einen Gliedsatz handelt.

… Hauptsatz und Gliedsatz voneinander unterscheiden.

… einen fehlerhaften Satz so ergänzen, dass daraus ein vollständiges Satzgefüge wird.

… die unterschiedlichen Varianten der adverbialen Bestimmung richtig zuordnen.

… korrekt angeben, ob es sich jeweils um ein Akkusativ-, um ein Dativ- oder um ein Genitivobjekt handelt.

… die unterschiedlichen Satzglieder jeweils mit ihrem lateinischen Begriff benennen.

… einen Satz in seine unterschiedlichen Satzglieder zerlegen.

… jeweils an der Satzmelodie erkennen, wann ein Satz beendet wird.

… nach einem Aussage-, einem Ausrufe- und Fragesatz jeweils das richtige Satzzeichen verwenden.

… Aussage- und Fragesatz voneinander unterscheiden.

Ich kann …

Ein altes schwäbisches Sprichwort besagt: „Vom vielen Wiegen wird die Sau nicht fetter." Und das gilt auch hier: Durch die bloße Dokumentation der jeweils erreichten Kompetenzstufen allein lassen sich noch keine Lernfortschritte erzielen. Dazu bedarf es einer eingehenden Beschäftigung mit der oft spröden Materie der Satzgrammatik. Weil die Vorkenntnisse der einzelnen Schüler sehr unterschiedlich ausfallen, ist hier ein gemeinsamer Unterricht nicht möglich. Stattdessen arbeitet jeder Schüler an den Materialien, die Sie für ihn ausgesucht haben. Dabei kann es freilich nicht damit getan sein, irgendwelche Blätter auszufüllen. Der Schüler erwartet hier tatsächlich eine qualifizierte Rückmeldung. Schließlich will er wissen, ob seine Lösungen jeweils falsch oder richtig sind. Sie kommen diesem Wunsch nach, indem Sie solche Rückmeldungen in die einzelnen Materialien einbauen: Dazu können Sie die Schüler nach ei-

nem Lösungswort suchen lassen oder die richtigen Antworten spiegelverkehrt ausdrucken. Sie können dem Schüler anbieten, seine Ergebnisse mit einer Musterlösung
abzugleichen, oder sie von einem Lernpaten überprüfen zu lassen. Im differenzierten
Unterricht müssen solche Rückmeldungen eigens organisiert werden – weil unterschiedliche Aufgaben nun einmal unterschiedliche Lösungen nach sich ziehen.

Am Beispiel der Lerntreppe zeigt sich, dass das System der Kompetenzstufen noch
nicht ganz ausgereift ist: Offensichtlich bauen die einzelnen Kompetenzen nicht
folgerichtig aufeinander auf, ist die lineare Logik der Kompetenzstufen also nur
eine Fiktion. So kann es im Zusammenhang mit der Satzgrammatik immer wieder
vorkommen, dass ein Schüler im unteren Treppenabschnitt scheitert, eine höher
angesiedelte Stufe aber mühelos nimmt. In diesem Fall muss gelten, dass hier zunächst das Versäumte nachgeholt wird, bevor ein Schüler zu den abstrakteren und
komplexeren Kompetenzen abheben kann. Eine Treppe will eben Schritt für Schritt
erobert sein.

ABC-Aufgaben

Das Schreibspiel „Stadt-Land-Fluss" hat sich über viele Schülergenerationen hinweg
als populärer Zeitvertreib in deutschen Klassenzimmern behaupten können. Dabei erschöpft sich der Reiz des Spiels darin, topografische Begriffe zu finden, die jeweils
mit demselben Anfangsbuchstaben beginnen. Im Geografieunterricht wäre damit
kein Blumentopf zu gewinnen – aber in Vertretungsstunden und auf Klassenfahrten
erfreut sich „Stadt-Land-Fluss" uneingeschränkter Beliebtheit. Das Erfolgsgeheimnis
des Spiels besteht offensichtlich darin, dass hier die Schüler keine vorgegebenen
Aufgaben zu lösen haben, sondern in der Auswahl ihrer topografischen Beispiele
relativ frei agieren können.

Auch die **ABC-Aufgaben** bedienen sich dieses Motivationseffekts. Auch hier wird
jeweils ein Anfangsbuchstabe ausgelost, zu dem sich die Schüler passende Namen
und Begriffe einfallen lassen müssen. So könnten sie die Aufgabe haben, zu einem
bestimmten Anfangsbuchstaben jeweils ein Erbwort, ein Lehnwort und ein Fremd-
wort zu finden. Oder sie könnten ihre literaturgeschichtlichen Kenntnisse überprüfen,
indem sie sich an einen Autor, einen Titel, eine Epoche oder eine Gattung erinnern,
die alle mit demselben Anfangsbuchstaben beginnen.

In heterogen zusammengesetzten Klassen bedarf diese Methode allerdings einer
zusätzlichen Differenzierung. Hier müssen in das Arrangement des Lernspiels unter-

schiedliche Schwierigkeitsgrade eingebaut werden. Denn auch hier gilt: Jeder soll in dem Maße gefordert sein, wie es seinen individuellen Möglichkeiten entspricht. Deshalb können die Schüler sich hier zwischen drei Gruppen entscheiden: In der ersten Gruppe sind alle Buchstaben zusammengefasst, mit denen besonders viele Wörter beginnen und denen deshalb im DUDEN entsprechend breiter Raum gegeben wird. Die Buchstaben der zweiten Gruppe liegen eher im Mittelfeld. Und in der dritten Gruppe finden sich alle Buchstaben, die entsprechend selten vorkommen und die im DUDEN deshalb nur wenige Seiten beanspruchen. Je nachdem, welche Herausforderungen sich die Schüler zutrauen, entscheiden sie sich für die erste, die zweite oder die dritte Gruppe.

Für jede Gruppe hängt an der Tafel ein Umschlag mit den entsprechenden Anfangsbuchstaben. Der Klassensprecher greift in jeden Umschlag, um einen Buchstaben herauszufischen. Dann werden die ausgelosten Buchstaben auf die Tafel geheftet – und das Spiel beginnt! Jeder Schüler ist bemüht, für jede Kategorie ein passendes Beispiel zu finden – bis die Lehrkraft diese Runde abpfeift. Die Schüler haben dann Gelegenheit, nachzufragen, wenn sie sich ihrer Sache nicht ganz sicher sind. So sind alle auch über die Aufgaben der anderen Gruppen informiert – und das ohne jeden Konkurrenzdruck und ohne die Verbissenheit, die einem solchen Wettbewerb sonst anhaftet.

Ein Beispiel für die Unterrichtspraxis:
DIE WORTARTEN IM PRAXISTEST

Die Ergebnisse der regelmäßigen Vergleichtests im Fach Deutsch fallen oft enttäuschend aus. So haben Sie Ihren Schülern mit mancherlei Motivationstricks und vielleicht auch mit sanftem Druck die wichtigsten grammatikalischen Begriffe, Kategorien und Regeln eingetrichtert – um sich dann im Rahmen eines solchen Vergleichstests bestätigen zu lassen, dass das Wissen um die Wort- und Satzgrammatik längst wieder verdrängt und vergessen ist. Das gilt z.B. für die Systematik der Wortarten, die Ihre Schüler zwar theoretisch einordnen können, vor denen sie im Praxistext aber immer wieder kapitulieren. So werden Ihnen Ihre Schüler zwar noch im Halbschlaf aufsagen können, dass ein Pronomen immer Platzhalter eines Nomens ist – die Suche nach konkreten Beispielen für solche Pronomina aber wird manchen in Verlegenheit bringen. Mit der Methode der ABC-Aufgaben aber werden sie die immer noch fremde Materie umso lustvoller und effektiver einüben können.

Dazu werden drei Gruppen von Anfangsbuchstaben gebildet. Welcher Gruppe ein Buchstabe zugeordnet wird – das entscheidet sich immer an der dafür im DUDEN beanspruchten Seitenzahl:

Gruppe 1	Gruppe 2	Gruppe 3
A (71 Seiten)	**E** (44 Seiten)	**C** (16 Seiten)
B (57 Seiten)	**F** (39 Seiten)	**I** (23 Seiten)
D (51 Seiten)	**G** (47 Seiten)	**J** (9 Seiten)
K (70 Seiten)	**H** (44 Seiten)	**N** (27 Seiten)
M (54 Seiten)	**L** (36 Seiten)	**O** (17 Seiten)
P (64 Seiten)	**R** (44 Seiten)	**Q** (4 Seiten)
S (122 Seiten)	**V** (36 Seiten)	**U** (30 Seiten)
	W (33 Seiten)	**Z** (26 Seiten)

Ein Griff in die Umschläge wird dann zeigen, für welchen Anfangsbuchstaben die Schüler nach entsprechenden Wortarten suchen müssen. Das Auslosen der Anfangsbuchstaben kann dabei beliebig oft wiederholt werden.

LEXIKON DER WORTARTEN

„Stadt-Land-Fluss" lässt sich auch ganz ohne Stadt, Land und Fluss spielen. Z.B. dann, wenn keine geografischen Namen, sondern Beispiele für die dir bekannten Wortarten gesucht werden. Du selbst hast es in der Hand, wie leicht oder wie schwer du es dir dabei machen möchtest.

Entscheide dich deshalb für eine Gruppe von Anfangsbuchstaben. In der ersten Gruppe sind alle Buchstaben zusammengefasst, mit denen besonders viele Wörter beginnen. Hier sollte es dir also relativ leicht fallen, für die genannten Wortarten passende Beispiele zu finden. In der zweiten Gruppe dürfte das

Fortsetzung ▶▶

nicht ganz so leicht sein. Und in der letzten Gruppe triffst du auf die Buchstaben, mit denen nur sehr wenige Wörter beginnen. Hier ist also besonders viel Gehirnschmalz im Einsatz. Manchmal kann es auch sein, dass es kein Beispiel für die geforderten Wortarten gibt. Dann solltest du das entsprechende Kästchen freilassen.

Buchstabe	Substantiv	Verb	Adjektiv	Adverb	Präposition	Pronomen
M	Maus	mustern	müde	manchmal	mit	mein

Solche ABC-Aufgaben eignen sich auch gut für Wortfeldübungen oder für kreative Aufgaben. So könnten die Schüler in Vorbereitung auf die Aufsatzform des Kochrezepts die Aufgabe haben, sich zu den ausgelosten Anfangsbuchstaben jeweils ein Gericht, eine Zutat, ein Küchengerät, eine Zubereitungsform oder ein Verb aus der Küche einfallen zu lassen. Oder sie könnten im Zusammenhang mit einer Kriminalgeschichte nach einem Opfer, einem Motiv, einer Tatwaffe, einer Todesart oder einer verdächtigen Spur suchen. Die ABC-Aufgaben werden die Fantasie der Schüler beflügeln und ihren sprachlichen Horizont erweitern. Und weil die von den Schülern gefundenen Lösungen jeweils gemeinsam besprochen werden, ist sichergestellt, dass dabei die Leistungsstarken nicht unter sich bleiben – und die Schüler mit Lernproblemen erst recht nicht.

Die Ampel

Das Prinzip der Angebotsdifferenzierung stellt es den Schülern frei, unter unterschiedlichen Aufgaben zu wählen. Und das auf die Gefahr hin, dass sie es sich dabei vielleicht etwas zu leicht zu machen oder dass sie sich selbst aus lauter Übereifer überfordern. Denn nicht jeder Schüler trifft bei seiner Entscheidung den Schwierigkeitsgrad, der ihm angemessen ist. Deshalb ist es durchaus zulässig, die Schüler für einen begrenzten Zeitraum ihrem Leistungsvermögen oder ihren Vorkenntnissen entsprechend einzugruppieren und den einzelnen Gruppen unterschiedliche Aufgaben vorzulegen. Allerdings sollten Sie darauf achten, dass diese Eingruppierung nicht zu einer neuerlichen Stigmatisierung führt. Die Schüler sollten nicht das Gefühl haben, in eine bestimmte Schublade gesteckt zu werden und aus dieser womöglich nicht mehr herauszufinden. Sie sollten vielmehr die Chance haben, das Ganze sportlich zu nehmen. Und das gelingt am besten, wenn eine solche Kategorisierung als eine Maßnahme auf Zeit angelegt ist. Im Skikurs haben Ihre Schüler ja auch keine Probleme damit, wenn sie zu Beginn des Kurses ihr Können vorführen müssen, um dann der einen oder anderen Gruppe zugeschlagen zu werden.

Ähnlich dem Skikurs stellen sich die Schüler auch im Deutschunterricht einer eher harmlosen Prüfung, um ihre Kenntnisse auf einem bestimmten Gebiet unter Beweis zu stellen. Denn kein Schüler soll das Gefühl haben, zum Opfer eines willkürlichen Lehrerurteils geworden zu sein. Als Ergebnis eines solchen spielerischen Tests kann dann die Ampel angeknipst werden. Je nachdem, wie die Schüler abgeschnitten haben, werden sie den drei Farben der Verkehrsampel zugeteilt: Wer sich auf einem bestimmten Stoffgebiet schon sehr gut auskennt, gehört dann zu den **Grünen**. Wer aber einsehen muss, dass es für ihn noch viel zu tun gibt, sollte sich den **Roten** zugehörig fühlen. Und wessen Ergebnisse eher im Mittelfeld liegen, der sollte sich der Gruppe der **Gelben** anschließen. Grün, Rot, Gelb: Die Schüler bekommen dann Aufgaben vorgelegt, die auf den aktuellen Leistungsstand dieser drei Gruppen zugeschnitten sind.

Alle Aufgaben sollten dabei dasselbe Thema haben und nach demselben Muster aufgebaut sein. Hier können Sie auf die vielen Arbeitsblätter zurückgreifen, die Sie in früheren Jahren zur Serienreife entwickelt haben und die jetzt nur noch den Anforderungen der Ampel angepasst werden müssen. So können Sie einen Lückentext so umgestalten, dass dieser in drei Versionen vorliegt, und damit die drei Ampelfarben bedienen. Oder Sie können ein Kreuzworträtsel aus Ihrem Bestand heranziehen und dieses so abwandeln, dass die Grünen, die Roten und die Gelben jeweils vor lösbaren Aufgaben stehen. Mit der Ampel verbindet sich nicht der Ehrgeiz, das Rad gänzlich neu zu erfinden – sondern das schon vorhandene Material neu aufzulegen und dabei dem Prinzip der Differenzierung Rechnung zu tragen.

Ein Beispiel für die Unterrichtspraxis:

DIE FABELHAFTE WELT DER S-LAUTE

Die Probleme unserer Schüler mit der Rechtschreibung sind von den Häuptlingen des Feuilletons oft genug beschrieben und beklagt worden. Damit aber hat man den betroffenen Lehrkräften das Leben nicht leichter gemacht. Denn diese Probleme sind zwar da – sie sind aber sicherlich nicht durch die Schule verursacht und schon gar nicht von den Lehrkräften verschuldet. Trotzdem bleibt an den Deutschlehrern die Aufgabe hängen, sich dieser Probleme anzunehmen und die Schüler wenigstens so weit an die Normen der Rechtschreibung heranzuführen, dass sie sich außerhalb der Schule nicht den Ruf partieller Analphabeten einhandeln müssen. Dabei hilft es den Schülern, wenn

➡ sie über einen bestimmten Grundwortschatz verfügen, also wenigstens eine Auswahl der gebräuchlichsten Wörter richtig schreiben können.

➡ sie die wichtigsten Regeln zur Rechtschreibung so weit beherrschen, dass sie diese Regeln auch auf ihnen unbekannte Wörter anwenden können.

Das gilt z.B. für den Bereich der S-Laute, mit deren korrekter Verwendung sich viele Schüler auffallend schwer tun. Hier werden sich die Schüler einprägen müssen, dass man eben „Gleis" oder „Kies" schreibt, obwohl es theoretisch auch „Gleiß" oder „Kieß" heißen könnte. Andererseits werden sie einzusehen haben, dass einem langen Vokal immer ein „s" oder ein „ß" folgen, während nach einem kurzen Vokal der Konsonant verdoppelt wird („ss"). Und für die Unterscheidung von „das" und „dass" gelten ähnlich verlässliche Regeln.

Bevor die Schüler einer entsprechenden Ampelfarbe zugeteilt werden, haben sie sich zunächst einem ersten Test zu stellen: Sie müssen beweisen, wie gut sie sich bereits mit den Regeln zum Gebrauch der S-Laute auskennen bzw. wie gut sie die fraglichen Wörter bereits „gespeichert" haben. Dazu werden ihnen neun Wörter diktiert, und die Schüler haben lediglich zu notieren, wie viele S-Laute in einem Wort enthalten sind. Um die Probleme mit dem ungeliebten „ß" zu umgehen, sollten Sie sich mit Ihrer Klasse darauf einigen, dass alle Wörter in Großbuchstaben geschrieben werden. Und so könnte ein solcher Test ganz konkret aussehen:

KÜRBIS	
KASSENSCHLUSS	
ABSTELLGLEIS	
FLÜSSIGSEIFE	
RUSSPARTIKEL	
SCHLOSSGESPENST	
REISSVERSCHLUSS	
EINVERSTÄNDNIS	
KÄSEMESSER	

Die Schüler haben auf ihrem Block jeweils die Wörter und neun Ziffern stehen. Aber das sollte ausreichen, um sie auf die drei Ampelgruppen aufzuteilen: Wer sich acht oder neun Zahlen richtig notiert hat, gehört zu den Grünen. Wer 5-, 6- oder 7-mal richtig gelegen hat, für den wechselt die Ampel auf Gelb. Für alle anderen springt die Ampel auf Rot. Die Schüler erhalten ein Arbeitsblatt, das zu jeder Ampelschaltung unterschiedliche Aufgaben enthält. Sie müssen hier anhand von zehn Beispielsätzen beweisen, wie gut sie mit der richtigen Schreibung der S-Laute schon vertraut sind:

S-Störungen – und wie man sie vermeidet!

Mit Recht ärgerst du dich darüber, wenn ein Wort anders geschrieben wird, als man es spricht. Ähnlich verhält es sich mit den S-Lauten: Wir hören immer nur ein „s", aber beim Schreiben können dafür ein „s", ein „ss" oder ein „ß" stehen. Und du musst wissen, wann welcher S-Laut wie geschrieben werden muss.

Wie gut du diese Unterscheidung beherrschst – das kannst du an zehn Sätzen überprüfen, die ich mir für deine Ampelfarbe ausgedacht habe.

Deine Aufgabe ist relativ einfach: Du sollst jeweils angeben, ob ein Satz richtig geschrieben ist oder nicht. Und das entscheidet sich jeweils an der Schreibung

Fortsetzung

der S-Laute. Entscheide dich also für „stimmt" oder „stimmt nicht", und kreuze das entsprechende Kästchen an.

Wenn du das erledigt hast, solltest du alle Zahlen, die du angekreuzt hast, zusammenzählen – sodass du am Schluss auf eine Gesamtzahl kommst. Von deinem Lehrer erfährst du dann, welche Zahl bei dieser Übung herausgekommen sein müsste. Hast du ins Schwarze getroffen, dann ist für dich die Arbeit erledigt. Stimmt deine Gesamtzahl aber nicht mit der Zahl deines Lehrers überein, dann solltest du herausfinden, wo der Fehler liegen könnte. Es gibt bestimmt den einen oder anderen Satz, bei dem du dir nicht ganz sicher bist, ob hier alle Wörter richtig geschrieben sind.

Die Ampel steht auf ROT!		
Um diese Sätze geht es:	*stimmt*	*stimmt nicht*
Mancher reißt rund um die Welt.	1	2
Das Wissen der Menschen veraltet schnell.	3	4
Mit Fleis allein kann man viel erreichen.	5	6
Ich habe mir das gut überlegt.	7	8
Vom Küßen bekommt man keine Kinder.	9	10
Wer weis schon, wie viele Sterne es gibt?	11	12
Am Abend durchquerten wir einen Fluss.	13	14
Dass wäre ja noch schöner!	15	16
Der Motor war schon längst heisgelaufen.	17	18
Dieses Los hat mir kein Glück gebracht.	19	20

Die Ampel steht auf GELB!		
Um diese Sätze geht es:	*stimmt*	*stimmt nicht*
Unverdrosen setzte er seinen Weg fort.	1	2
Wir ahnten schon, dass da ein Unglück auf uns zukam.	3	4
Im Gefängniß lebt man gar nicht so schlecht.	5	6

Fortsetzung ▶▶

	stimmt	stimmt nicht
Soviel menschliche Größe hätte ich nicht erwartet.	7	8
Reis dich doch endlich zusammen!	9	10
Wir traten in ein Haus, dass schon bessere Tage gesehen hatte.	11	12
Dann endlich ließen wir sie in Frieden.	13	14
Was zu beweißen war …	15	16
Manche Lehrer benehmen sich uns gegenüber richtig fieß.	17	18
Das hätte ich gerade dir nicht zugetraut.	19	20

Die Ampel steht auf GRÜN!

Um diese Sätze geht es:	stimmt	stimmt nicht
Das mir ja keiner zu seinem Nachbarn schaut!	1	2
Nein, meinen Grießbrei mag ich nicht.	3	4
Er wäre beinahe in den reissenden Fluten ertrunken.	5	6
Wir ließen den unheimlichen Wald hinter uns.	7	8
Ihr gleissendes Licht blendete mich.	9	10
Im alten Preussen herrschten Zucht und Ordnung.	11	12
Die Markise leuchtete in bunten Farben.	13	14
Manchmal fühle ich mich richtig mieß.	15	16
Dass hätte ich beinahe nicht überlebt.	17	18
Die Höhle wurde mir zu einem unheimlichen Verlies.	19	20

Wenn sich alle Schüler entschieden und die zehn Sätze bewertet haben, kann die richtige Gesamtzahl aufgedeckt werden – denn diese Zahl ist für alle drei Ampelgruppen gleich. In unserem Fall handelt es sich um die Zahl 106. Für manchen Schüler geht die Arbeit jetzt erst richtig los: Falls es hier keine Übereinstimmung gibt, muss geklärt werden, welche Entscheidung falsch gewesen sein könnte und deshalb nachträglich korrigiert werden muss. Beträgt die Differenz „1", so dürfte sich der Schüler nur bei einem Satz getäuscht haben. Bei einer Differenz von „2" müssten es eigentlich zwei Sätze sein. Der Vorteil einer solchen Ampelaufgabe besteht eben darin, dass die Schüler nicht auf die Eingriffe und Korrekturen des Lehrers angewiesen sind, sondern dass sie diese Korrektur selbst vornehmen können. Die Gesamtzahl bietet ihnen dabei eine zuverlässige Orientierung.

Abschließend haben die Schüler natürlich ein Recht darauf, zu erfahren, warum manche Wörter anders geschrieben werden als von ihnen vermutet. Hier muss vor der ganzen Klasse noch einmal besprochen werden, welche Regel hier gegolten hätte und an welchem Wort aus dem Grundwortschatz die Schüler im Einzelfall gescheitert sind. Und dabei können sich alle einbringen – ganz egal, welcher Ampelfarbe sie ursprünglich zugeteilt waren.

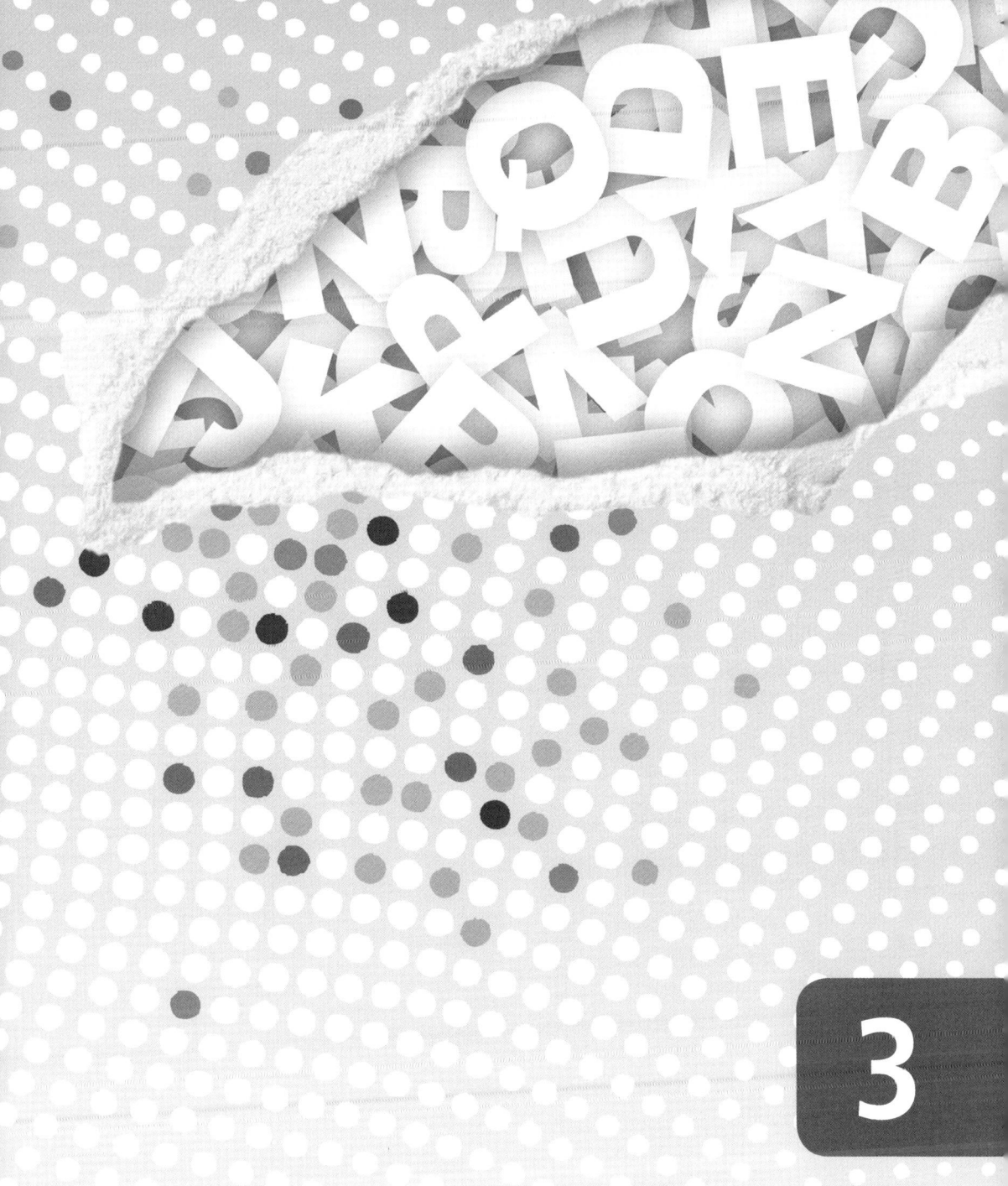

3

Lernen mit unterschiedlichen Methoden

Schon die alten Römer wussten, dass man nicht für die Schule, sondern für das Leben lernt. Dieses Leben verändert sich heute aber in einem Tempo, von dem man sich im alten Rom noch keine Vorstellung machen konnte. Deshalb sind die Lerninhalte, mit denen sich heute viele Schüler herumquälen, morgen vielleicht schon veraltet. Die Schule hat auf diese Dynamik sehr spät und eher zögerlich reagiert. Aber immerhin hat sich inzwischen bis zu den Kultusministern herumgesprochen, dass im Mittelpunkt des Unterrichts weniger die Inhalte als die Methoden stehen sollten – die veralten nämlich nicht. Deshalb haben sich die Lehrkräfte daran gewöhnt, dass jede neue Lehrplan- oder Schulbuchgeneration einen weiteren Schub für das Methodenlernen bedeutet. Auch wenn sie in Kauf nehmen müssen, dass sich diese Aufwertung eher in offiziellen Verlautbarungen als in der pädagogischen Praxis niederschlägt. Verfügen die Schüler erst einmal über ein entsprechend großes Methodenrepertoire, werden sie keine Probleme damit haben, sich eigenständig mit einem bestimmten Thema zu beschäftigen. Wenn sie gelernt haben, sich selbstständig einen Text zu erschließen, eine Versuchsanordnung in Eigenregie aufzubauen oder auf eigene Faust im Heimatort auf Spurensuche zu gehen – dann sind sie umso weniger auf den allgegenwärtigen und allwissenden Lehrer angewiesen, der ihnen vom Katheder aus das Leben erklärt.

 Mit der Aufwertung des Methodenlernens zeigt sich die Schule nicht nur der Dynamik der Zeitläufe gewachsen – sie hat dadurch auch ihren eigenen methodischen Horizont erweitert. Lernen ist heute nicht länger Sache einer kognitiven Monokultur, ist nicht mehr ausschließlich auf den Dreiklang von Zu-Hören, Mit-Denken und Nach-Beten angewiesen. Stattdessen hat sich der Unterricht auch praktischen, kommunikativen oder reflexiven Methoden geöffnet, scheint sich die Vision Pestalozzis von einem „Lernen mit Kopf, Herz und Hand"[17] endlich zu erfüllen. Davon aber können heterogene Lerngruppen nur profitieren: Hier ist der auditive Lerntyp ebenso vertreten wie der motorische, hier hat das assoziative Denken ebenso seinen Platz wie das systematische, hier wird das Klassenzimmer gleichzeitig zum Schaufenster und zum Rückzugsraum. Je vielfältiger das Methodenangebot der Schule ausfällt, umso mehr Schüler lassen sich damit erreichen.

Das macht das Unterrichten in inklusiven Klassen zwar nicht einfacher. Aber immerhin steigen dadurch die Chancen, hier erfolgreich zu arbeiten und die selbstgesteckten Ziele auch wirklich zu erreichen. Voraussetzung ist allerdings, dass

➡ die Schüler eine breit gefächerte Auswahl von Methoden kennenlernen und Gelegenheit haben, diese in der Praxis auszuprobieren.

➡ gemeinsam mit jedem Schüler die Methoden gefunden werden, die seinem Naturell am ehesten entsprechen und mit denen er deshalb am besten lernt.

➡ sich alle Schüler mit den von ihnen bevorzugten Methoden in den Unterricht
einbringen können und alle daran teilhaben lassen.

Der Lehrer wird so zum Methodencoach, der den Schülern dabei hilft, den für sie
optimalen Weg zum Lernerfolg zu finden. Und er wird zum Moderator, mit dessen
Hilfe sich verhindern lässt, dass die Schüler zu methodischen Einzelkämpfern werden,
die sich nicht mehr für das Engagement ihrer Mitschüler interessieren.

INDIVIDUELLE METHODENPROFILE

Jede Differenzierung der Themen bleibt wirkungslos, wenn sie nicht durch eine Differenzierung der Methoden flankiert wird. Dabei kann es zunächst nur darum gehen,
den Schülern die ganze Palette methodischer Möglichkeiten vorzustellen. Und dieses
Angebot wird von den Schülern in der Regel unvoreingenommen und pragmatisch
angenommen. Später kann das Methodenlernen allerdings zu einer pädagogischen
Gratwanderung werden: Einerseits sollen die Schüler herausfinden, welche Methoden
am besten zu ihnen passen und ihnen den größten Lernerfolg versprechen. Andererseits sollen sie aber auch über eine Grundausstattung methodischer Fertigkeiten
verfügen, wenn sie in der Schule und im Leben mithalten wollen. So sollte kein Schüler die Schule verlassen, der hier nicht gelernt hat, wie man eine Bewerbung schreibt,
ein Interview führt oder einen Text formatiert. Deshalb wird man die Schüler nicht
aus einer spontanen Laune heraus entscheiden lassen, welche Methode ihnen den
größten Lustgewinn verspricht. Aber das macht ja gerade einen Coach aus: Dass hier
nicht einseitig entschieden, sondern dass gemeinsam nach dem jeweils besten Weg
gesucht wird.

Andererseits sind die Schüler für das Methodenlernen kaum zu motivieren, wenn es
dabei nicht um ganz konkrete Inhalte geht. Wer die Schüler in irgendwelchen Nachschlagewerken recherchieren oder sie ein Streitgespräch moderieren lässt, der sollte
damit immer einen ganz pragmatischen Zweck verbinden. Denn die Schüler entwickeln einen gesunden Widerwillen, wenn das Lernen nur zum Selbstzweck werden
soll. Es macht eben einen großen Unterschied, ob ein Vorstellungsgespräch am Beispiel einer Casting-Show oder im Zusammenhang mit einem Betriebspraktikum geübt
wird. Im ersten Fall handelt es sich um einen nur fiktiven Anlass, im zweiten Fall geht
es um die konkreten Lebenserfahrungen von Schülern. Im Rahmen des Unterrichts
und des Schullebens, von Familie und Beruf, im Zusammenhang mit Ferienjob und
Führerschein ergeben sich so viele Anlässe für ein erfolgreiches Methodenlernen,
dass niemand auf die Spielwiese simulierter Ernstfälle ausweichen muss.

Methodenzirkel

Der Methodenzirkel schließt an die Praxis des Stationenlernens an. Und dessen Modalitäten dürften Ihren Schülern schon weitgehend vertraut sein. Deshalb wissen sie, dass sie hier von Tischgruppe zu Tischgruppe flanieren können und dass auf sie an jeder Station eine bestimmte Aufgabe wartet. Neu dürfte für die Schüler sein, dass sie sich dabei keiner festen Gruppe anzuschließen haben und dass sie nicht alle Stationen absolvieren müssen, sondern hier eine Auswahl treffen dürfen.

Neu für sie dürfte aber auch sein, dass sie sich hier keine Inhalte zu erarbeiten, sondern ihre methodische Kompetenz unter Beweis zu stellen haben. So könnten sie im Zusammenhang mit dem Thema „Zeitung" die Aufgabe haben, an einer Station eine reißerische Schlagzeile zu formulieren und an einer anderen einen Artikel durch Archivbilder zu ergänzen. Sie könnten den Text einer Presseagentur auf das Format einer Nachricht verkürzen. Und sie könnten einen aktuellen Bericht mit einem Kommentar unterlegen. Nachdem sie den Methodenzirkel absolviert haben, werden sie kein neues Wissen angehäuft, aber vielleicht ihr wahres Können aufgedeckt haben.

Schon in der Auswahl der Stationen werden sich die individuellen Stärken und Neigungen Ihrer Schüler niederschlagen: So wird sich eine Schülerin, der das Schreiben schwerfällt, nicht ausgerechnet für eine Station entscheiden, an der sie ihre stilistische Kompetenz unter Beweis zu stellen hat. Und wer mit zwei linken Daumen gestraft ist, wird sich nicht ausgerechnet dort niederlassen, wo das Layout einer Probezeitung geklebt werden soll. Außerdem ist der ganze Parcours als eine ergebnisoffene Testserie angelegt, die den Schülern lediglich dabei helfen soll, ihre wahren Talente zu erkennen, sich aber auch selbstbewusst ihren Schwächen zu stellen.

Ein Beispiel für die Unterrichtspraxis:
SZENISCHES SPIEL

Literatur kann für die Schüler zu einem aufregenden und sinnlichen Erlebnis werden, wenn sie nicht zwischen zwei Buchdeckeln eingesperrt wird. Auf den Bühnenbrettern und auf der Filmleinwand sind auch solche Schüler zu begeistern, die sich weder von großen Namen noch von dicken Schmökern beeindrucken lassen. Deshalb hat das szenische Spiel im Deutschunterricht eigentlich immer schon seinen festen Platz. So wird der Literaturunterricht doch viel lebendiger, wenn eine Szene mit verteilten

Rollen vorgetragen wird. Und mehr als jede noch so ausgefeilte Interpretation wird es zum Verständnis eines Dramas beitragen, wenn Sie eine solche Szene gemeinsam mit Ihrer Klasse inszenieren. Viele Schüler bekennen zum Abschluss ihrer Schulzeit, dass ihnen der gemeinsame Besuch einer Theateraufführung, das Gespräch mit einer Schauspielerin oder gar die Mitwirkung an einer Aufführung der Schülerbühne mehr gebracht hat als jedes nur theoretische Herumstochern im Textnebel.

Bevor Sie mit Ihren Schülern eine Theateraufführung besuchen, mit ihnen einen Blick hinter die Kulissen des Stadttheaters werfen oder mit ihnen eine eigene Aufführung vorbereiten, sollten Sie erst einmal klären, wie es um die theatralische Sendung ihrer Klasse bestellt ist. Dafür ist der Methodenzirkel ein ebenso informatives wie unterhaltsames Angebot. Denn hier können die Schüler ausprobieren, ob sie das Zeug zum Schauspieler, zum Regisseur, zum Dramaturgen oder zum Kostümbildner haben. In gerade einmal drei Schulstunden können Sie Ihre Schüler in die unterschiedlichen Professionen des Theaterbetriebes hineinschnuppern lassen. Dabei ist davon auszugehen, dass die Schüler an den einzelnen Stationen 10 bis 15 Minuten verweilen und dass sie sich hier mit den anderen Schülern austauschen. Zum Abschluss der Stationenarbeit bewertet jeder Schüler seine eigene Leistung – wobei er sich sicherlich auch vom Urteil der anderen leiten lassen wird. Wenn alle Stationen absolviert sind, werden die Schüler nicht nur besser über die Arbeit der Theatermacher informiert sein – sie werden auch herausgefunden haben, ob die Bühnenbretter vielleicht auch ihre Welt bedeuten. Dabei hilft ihnen ein Umlaufzettel, der etwa so aussehen könnte:

Hast du das Zeug zum Theater?

Viele zieht es zum Theater. Aber nur wenige haben auch wirklich das Zeug dazu. Ob du auf den Brettern, die die Welt bedeuten, eine gute Figur machen würdest – das kannst du jetzt selbst herausfinden.

Dazu ist im Klassenzimmer ein Parcours mit vielen Stationen aufgebaut – und du solltest dich für acht dieser Stationen entscheiden. Auf einem Tisch findest du dazu die benötigten Materialien. Und deinem Umlaufzettel kannst du entnehmen, was dich hier an Aufgaben erwartet.

An den einzelnen Stationen wirst du immer einige Mitschüler antreffen, die dir bei deinen Aufgaben helfen oder die raten müssen, was du gerade darstellst.

Fortsetzung ▶▶

Wenn du eine Aufgabe abgeschlossen hast, solltest du deine Leistung selbst bewerten. Dabei kannst du dir bis zu zehn Punkte geben. In der Praxis wird deine Bewertung irgendwo zwischen einem (= „Das war der totale Flop!") und zehn Punkten (= „Besser geht das überhaupt nicht mehr") liegen. Da kannst du ruhig ein bisschen selbstkritisch sein.

Station	Aufgabe	Beispiel	Bewertung
1. Dramaturgie	Du findest einzelne Szenen aus dem „Wilhelm Tell" vor und sollst diese kürzen und in eine verständliche Sprache übertragen.	„Nein Oheim! Wohltat ist's und weise Vorsicht." (2. Aufzug, 1. Szene)	
2. Regie	Du findest hier eine ganze Reihe von Sprichwörtern vor. Studiere mit den anderen ein solches Sprichwort als kleine Szene ein – ohne dass ein einziges Wort fällt!	„Probieren geht über Studieren."	
3. Requisiten	Dir stehen ein Eimer, ein Besenstiel und ein Wischlappen zur Verfügung. Denke dir eine kleine Szene aus, in der diese drei Requisiten Verwendung finden.	Du spielst einen Segler: Der Eimer ist das Boot, der Besenstiel der Mast und der Wischlappen das Segel. Ahoi!	
4. Kostüm	Du findest an dieser Station Kurzporträts der Personen, die zur Stammbelegschaft der „Commedia dell'arte" gehörten. Suche dir eine Figur aus, und zeichne für sie einen passenden Kostümentwurf.	Die Colombina ist Magd oder Köchin, aber keineswegs auf den Mund gefallen. Deshalb wird die pfiffige junge Frau auch von Männern aus allen Schichten verehrt.	

Fortsetzung ▸▸

5. Maske	Du kannst dir aus einem Spielplan mit populären Stücken einen Titel aussuchen und dich selbst so schminken, dass die Maske zur Titelfigur passen würde.	„Der eingebildete Kranke"	
6. Sprache	Dir liegen Übungen aus dem Buch „Der kleine Hey" vor, die den Schauspielern helfen sollen, ihre Aussprache zu verändern. Sprich die Texte mehrfach nach, trage sie dann den anderen vor, und achte dabei auf eine möglichst deutliche Aussprache.	„Was hallt am Waldrand da? Jagdklang schallt nah: Trara!"[18]	
7. Monolog	Du hast einen großen Monolog der Theaterliteratur auszuwählen und ihn auswendig zu lernen. Wie weit kommst du dabei?	„Sein oder Nicht sein; das ist hier die Frage." – Der Monolog des Hamlet aus Shakespeares bekanntem Drama (3. Aufzug, 1. Szene)	
8. Dialog	Du hast mit einem Partner ein Streitgespräch zu führen. Dabei dürft ihr aber keine Wörter, sondern nur Zahlen verwenden – so, wie das der Theaterpädagoge Augusto Boal empfiehlt.	„Eins, zwei, dreißig, zehn?" „Siebzehn, siebzehn!" „Siebzehn?" „Siebzehn! Acht, zweiundzwanzig, elf."	
9. Mimik	Du findest an dieser Station viele Kärtchen mit Emoticons – manche sagen auch „Smileys" dazu. Du lost ein Emoticon aus und machst dazu einen entsprechenden Gesichtsausdruck. Die anderen müssen raten, was deine Mimik ausdrücken soll.	☺	

Fortsetzung ▶▶

10. Gestik	An dieser Station hast du die Auswahl aus zahlreichen Zitaten der Weltliteratur. Suche dir ein Zitat aus – und versuche, den Inhalt nur in Form von Gesten wiederzugeben.	„Mir ist von alledem so dumm, als ging mir ein Mühlrad im Kopf herum." – Das bekannte Zitat aus Goethes „Faust" (1. Akt, 1. Szene)	
11. Pantomime	Du hast alltägliche Tätigkeiten darzustellen, ohne dass dabei ein Wort fallen darf – wie das in einer Pantomime so üblich ist. Die anderen raten dann, welche Tätigkeit du mit pantomimischen Mitteln dargestellt hast.	Du zeigst, wie du ein Fenster putzt – und musst dazu ohne die Sprache und ohne jedes Requisit auskommen.	
12. Gesang	Du hörst dir auf einem MP3-Player den Mackie-Messer-Song aus der „Dreigroschenoper" an. Auf einem Flipchart-Block stellst du die Moritat in neun selbstgemalten Bildern dar.	„An nem schönen blauen Sonntag/liegt ein toter Mann am Strand."	

Im Idealfall mündet ein solcher **Methodenzirkel** in den Plan, mit der Klasse eine eigene Aufführung vorzubereiten oder wenigstens eine Szene bis zur Aufführungsreife einzustudieren. Dann könnten sich die Schüler nämlich mit den Talenten einbringen, auf die sie vielleicht erst an den einzelnen Stationen aufmerksam geworden sind: Da hat eine Schülerin entdeckt, dass sie ihre kreative Seite erst als Maskenbildnerin so richtig ausleben könnte. Da ist einem Mitschüler bewusst geworden, dass ihm das Spiel ohne Worte besonders liegt und dass er deshalb als Pantomime ganz in seinem Element wäre.

Auf der Basis einer solchen Selbsterfahrung sind die Rollen und Funktionen leicht zu besetzen. Und die Aufführung könnte wieder einmal beweisen: In einer inklusiven Klasse ist jeder willkommen, weil jeder etwas beitragen kann. Auch wenn es vielleicht erst eines Methodenzirkels bedarf, um die verborgenen Leidenschaften und Begabungen freizulegen. Aber dafür ist ein solcher Parcours ja da.

Schwarz-Rot-Gold

Es lebe der Unterschied! Dass Heterogenität auch eine Chance sein kann – das erleben junge Menschen nicht nur in ihrer Klasse, sondern auch an sich selbst. Eine Sichtung der eigenen Stärken und Schwächen dürfte sie daran erinnern, dass diese sehr unterschiedlich entwickelt sind. Da ragen aus einer buntscheckigen Begabungslandschaft manche Leuchttürme auf, zeichnen sich aber auch Senken und Abgründe ab. Und schon im Geltungsbereich des Deutschunterrichts ist dieses Nebeneinander von individuellen Stärken und Schwächen kaum zu übersehen: Da weiß mancher Schüler mit einer ausgefeilten und sehr persönlichen Handschrift zu beeindrucken, während er beim Lesen unbeholfen wie ein Grundschuler durch die Textmengen stolpert. Da agiert ein anderer in der Rechtschreibung sorgfältig und regelsicher, lässt sich in der Zeichensetzung aber immer noch von bloßen Vermutungen leiten. Da versetzt uns ein weiterer Schüler mit seinen bildungslastigen Essays in Staunen, aber seine lyrischen Versuche kommen nur selten über die literarische Substanz eines Abzählverses hinaus.

Der Deutschunterricht muss den Schülern helfen, sich ein realistisches Bild von ihren ganz persönlichen Leuchttürmen und Abgründen zu machen. Mit **Schwarz-Rot-Gold** können Sie auf eine Methode zurückgreifen, mit der sich eine solche Rückmeldung organisieren lässt – und das, ohne dass Sie direkt eingreifen müssten.

Grundlage von Schwarz-Rot-Gold ist ein Arbeitsblatt, das unterschiedliche Kompetenzen auflistet und auf dem die Schüler anzugeben haben, wie weit sie es hier schon gebracht haben. So können sie nach einem besonders umfangreichen Buch gefragt werden, das sie von Anfang bis Ende gelesen haben. Bei einem Schüler könnte das „Der Schwarm" von Frank Schätzing sein – bei einem anderen aber „Der kleine Prinz". Das Durchhaltevermögen ist unter unseren Schülern eben sehr unterschiedlich ausgeprägt. Oder sie können nach einem Streitgespräch gefragt werden, an das sie sich auch nach vielen Jahren noch erinnern. Da wird der eine die Verteilungskämpfe im Kinderzimmer nennen – und ein anderer seine Auseinandersetzung mit einem Neonazi erwähnen. Nicht alle Schüler verfügen eben über die gleiche diskursive Erfahrung. Um welche Kategorie es auch jeweils geht – immer müssen die Schüler darüber Auskunft geben, was für sie in diesem Zusammenhang bisher die größte Leistung oder das aufregendste Erlebnis war.

Nach Möglichkeit sollten die Schüler zu jeder Kategorie etwas beitragen können – und mag ihr Beitrag auch noch so bescheiden ausfallen. Das wäre immer noch besser als ein weißer Fleck in der eigenen Entwicklungsbiografie. Außerdem dürfen die Schüler auf dem Arbeitsblatt nicht ihren eigenen Namen nennen, sondern nur ein besonderes Kennwort. Schließlich soll diese Umfrage zunächst anonym bleiben.

Wenn alle Arbeitsblätter eingesammelt sind, werden sie gemischt und neu unter den Schülern verteilt. Jetzt hat sich jeder Schüler die Auskünfte eines Mitschülers vorzunehmen, dessen Namen er nicht kennt und auf den sich allenfalls auf Grund der gesammelten Informationen schließen lässt. Um die Auskünfte auf dem Arbeitsblatt zu bewerten, erhält jeder Schüler drei schwarze, drei rote und drei goldene Markierungspunkte:

➡ Die **schwarzen** Punkte werden auf die Informationen geklebt, anhand derer sich ein Mitschüler identifizieren lässt – auch wenn es sich hier um bloße Vermutungen handelt.

➡ Die **roten** Punkte signalisieren, dass es ein Schüler in einer bestimmten Kategorie noch nicht sehr weit gebracht hat und dass er hier dringend nachbessern sollte.

➡ Die **goldenen** Punkte stehen für besonders bemerkenswerte Leistungen oder Erfahrungen, sind also als eine Art Auszeichnung gedacht.

So könnte nach einer Theateraufführung gefragt sein, an der die Schüler aktiv mitgewirkt haben. Wem dazu lediglich einfällt, dass er sich im Kindergarten bis zum dritten Engel im Krippenspiel vorgearbeitet hat – der sollte mit einem roten Punkt daran erinnert werden, dass es für ihn in dieser Hinsicht vielleicht noch etwas zu tun gibt. Wer aber darauf verweisen kann, dass er mit seinem Improvisationstheater schon einmal beim Stadtfest aufgetreten ist – der hätte sich einen goldenen Punkt verdient. Wer schließlich daran erinnern kann, dass er in der letzten Aufführung der Schülerbühne als Romeo geglänzt hat – dem dürfte ein schwarzer Punkt sicher sein.

Auch hier sollte es der Ehrgeiz jedes Schülers sein, sein Kontingent an Markierungspunkten ganz aufzubrauchen, bevor die Kennwörter aufgerufen und die Fragebögen an ihre Urheber zurückgegeben werden. Innensicht und Außensicht: Jetzt kann jeder Schüler seine Kompetenzen aus einer doppelten Perspektive begutachten.

Ein Beispiel für die Unterrichtspraxis:

SCHREIBERFAHRUNGEN

Das Schreiben im Unterricht wird von vielen Schülern als täglicher Höllengang erlebt. Zuhören, Erzählen, Referieren, Debattieren, Präsentieren – das alles bereitet den Schülern weniger Pein als der ritualisierte Weckruf „Hefte raus!". Das hängt offensichtlich damit zusammen, dass das Schreiben in der Regel als ein rein reproduktiver Vorgang erlebt wird: Die Schüler übertragen in ihr Heft, was sie an der Tafel zu lesen oder was sie vom Lehrer diktiert bekommen. Sie schreiben mit, und sie schreiben ab. Das Schreiben erleben sie deshalb nicht als selbstbestimmte Äußerung, sondern eher als eine oft stumpfsinnige Praxis. Umso mehr ist der Deutschunterricht gefordert, den Schülern auch die anderen Dimensionen des Schreibens in Erinnerung zu rufen. Hier sollten sie erfahren, dass ihnen das Schreiben hilft, die eigenen Gedanken zu sortieren, sich einem anderen gegenüber zu offenbaren oder das eigene Anliegen einem größeren Publikum mitzuteilen. Auch die formalen, diskursiven oder kreativen Aspekte des Schreibens sollten im Unterricht behandelt werden.

Mit der Methode Schwarz-Rot-Gold können sich die Schüler das gesamte Spektrum schriftlicher Äußerungen erschließen: Von der Entwicklung einer ganz individuellen Handschrift über die Sicherheit in Rechtschreibung und Zeichensetzung bis hin zu jenen Äußerungen, wie sie uns die elektronischen Medien beschert haben. Auch hier haben die Schüler Beispiele zu benennen, an denen sich der Entwicklungsstand ihrer kommunikativen Möglichkeiten nachvollziehen lässt. Wer z.B. immer noch nicht weiß, ob es „Zeugnis", „Zeugniss" oder „Zeugniß" heißt, der sollte an seiner Rechtschreibung feilen und seinen Grundwortschatz erweitern. Wer als seine Problemwörter aber „Renaissance", „Portemonee" oder „Feuilleton" angibt, der hat es hier wohl eher mit einem Luxusproblem zu tun.

Nicht bei allen Kategorien der „Schreiberfahrungen" lässt sich der aktuelle Entwicklungsstand präzise angeben. So sagt „Ein Text, den ich nur mit größtem Widerwillen verfasst habe" so wenig über die Kompetenz des schriftlichen Kommunizierens aus wie „Eine SMS, die mich heute noch ärgert oder die ich heute noch bereue". Der Vollständigkeit halber dürfen diese beiden Aspekte auf einem Arbeitsblatt aber nicht fehlen. Und so könnte dieses Arbeitsblatt aufgebaut sein:

Meine Erfahrungen mit dem Schreiben

Als du noch nicht in der Schule warst, hattest du nur einen Wunsch: Du wolltest endlich lesen und schreiben lernen. Das ist schon ein paar Jahre her. Wie aber hat sich das Schreiben seither entwickelt? Das sollst du dir jetzt selbst beantworten.

Lies dir die folgenden 16 Aufgaben sorgfältig durch. Trage dann in jedes Kästchen ein Beispiel ein, an dem man ablesen kann, wie weit du hier schon gekommen bist. Auch wenn sich in dem einen oder anderen Zusammenhang seit deiner Grundschulzeit nicht viel getan haben sollte, brauchst du dich deswegen nicht zu schämen. Sei lieber ehrlich, denn du sollst dir ein ungeschöntes Bild deiner Stärken und Schwächen machen können.

Bemühe dich darum, möglichst für alle 16 Kategorien ein passendes Beispiel zu finden. Und nenne auf diesem Blatt nicht deinen richtigen Namen, sondern ein Kennwort, das du dir selbst ausdenken kannst.

Denn die Auswertung dieses Fragebogens kann nur gerecht sein, wenn dieser wirklich anonym bleibt.

Kennwort:			
Ein Schreibgerät, das ich besonders gerne verwende und das gut zu meiner Handschrift passt.	Eine Eigentümlichkeit meiner Schrift, an der man diese sofort wiedererkennt.	Eine grafische Möglichkeit des Word-Programms, mit der ich mich richtig gut auskenne.	Das Autogramm eines bekannten Menschen, das ich bis heute aufbewahrt habe.
Ein Rechtschreibfehler, über den ich heute selbst lachen muss.	Ein Wort, bei dem ich bis heute nicht weiß, wie es eigentlich geschrieben wird.	Eine Inschrift, mit der ich mich irgendwo und irgendwann einmal verewigt habe.	Ein Text, den ich nur mit größtem Widerwillen verfasst habe.

Fortsetzung ▶▶

Ein Aufsatz, der mir rundum gelungen ist und auf den ich heute noch stolz sein kann.	Ein Text von mir, der mir so wichtig geworden ist, dass ich ihn niemals wegwerfen möchte.	Ein Eintrag von mir ins Poesie- oder Freundschafts-Album, der mir immer noch gut gefällt.	Eine selbstverfasste Geschichte, deren Inhalt ich heute noch wiedergeben könnte.
Ein Buch, zu dem ich selbst gerne die Fortsetzung geschrieben hätte.	Ein Text von mir, der irgendwo veröffentlicht wurde.	Eine SMS, die mich heute noch ärgert oder die ich heute noch bereue.	Ein Text von mir, den im Internet jeder nachlesen kann.

Auch Sie dürften überrascht sein, wie ehrlich die Antworten der Schüler ausfallen. Offensichtlich wird es von ihnen nicht als sozialer Makel empfunden, wenn sie noch keinen Text veröffentlicht oder kein Autogramm erheischt haben. Die Kunst des Schreibens ist vielen Schülern so fern, dass Sie hier keinerlei Futterneid oder Konkurrenzdruck befürchten müssen. Natürlich sollen die Schüler abschließend beurteilen, was ihnen diese Bilanzierung der eigenen Schreiberfahrungen gebracht hat. Welche Kategorie war überflüssig, welche war missverständlich, welche zu persönlich?

Methodenführerschein

Viel zu lange hat die Schule beim Methodenlernen auf das „Huckepack-Prinzip" gesetzt: Man ließ die Schüler an unterschiedlichen Inhalten arbeiten und vertraute darauf, dass sie sich dabei auch bestimmte Methoden aneignen würden. Deshalb wurden immer neue Lehrpläne auf die Schulen losgelassen – ohne dass man sich jemals um ein eigenes Methodencurriculum bemüht hatte. Manche Schulen haben dieses Defizit erkannt und für ihren Geltungsbereich eine solche Auflistung verbindlicher Methoden festgelegt. Sie haben sich dabei nicht von irgendwelchen Lehrplänen, sondern einzig und allein von den Anforderungen der pädagogischen Praxis leiten lassen.

Innerhalb eines solchen Methodencurriculums kommt dem Deutschunterricht eine Leitfunktion zu: Denn hier werden viele Methoden systematisch eingeführt und angewendet, auf die auch die anderen Fächer angewiesen sind. So lernen die Schüler im Fach Deutsch, wie man in Nachschlagewerken recherchiert, wie man einen Text exzerpiert und wie man bestimmte Inhalte visualisiert. So machen sie sich hier mit der Praxis des Protokolls, mit der Kunst der freien Rede oder mit der Technik des aktiven Lesens vertraut. So systematisch wie der Deutschunterricht können andere Fächer das nicht leisten – aber auch sie können später davon profitieren.

Das Methodencurriculum schreibt verbindlich vor, in welcher Klassenstufe sich die Schüler bestimmte Methoden anzueignen haben. Hier ist z.B. geregelt, dass ein Schüler spätestens bis zur 8. Klasse in der Lage sein sollte, einen Text zusammenzufassen – und zwar so, dass auch ein Außenstehender etwas damit anfangen könnte. Diese Verbindlichkeit mag die pädagogische Arbeit erleichtern; die Möglichkeiten des inklusiven Lernens aber würde sie überfordern. Denn in heterogen zusammengesetzten Klassen wäre es eher unwahrscheinlich, wenn alle Schüler gleichzeitig bestimmte Lernziele erreichen. Deshalb empfiehlt sich für solche Klassen die Einführung eines **Methodenführerscheins**: Auch hier sind unterschiedliche Kompetenzen festgeschrieben, die aufeinander aufbauen und die ihrem Anspruchsniveau entsprechend gestaffelt sind. Aber es fehlt jede Festlegung, bis zu welcher Fertigkeit es ein Schüler in einem bestimmten Alter geschafft haben sollte.

Stattdessen muss mit jedem Einzelnen geklärt werden, über welche Kompetenzen er zu Beginn des Schuljahres verfügt. Außerdem sollte mit ihm vereinbart werden, bis zu welcher Kompetenzstufe er es bis zum Ende des Schuljahres gebracht haben sollte. Wenn sich ein Schüler sicher ist, eine bestimmte Kompetenzstufe erreicht zu haben, unterzieht er sich einer entsprechenden Prüfung. Erfüllt er darin die im Methodenführerschein beschriebenen Anforderungen, wird ihm dies durch die Unterschrift der Lehrkraft attestiert.

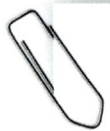

Ein Beispiel für die Unterrichtspraxis:
ERGEBNISSE PRÄSENTIEREN

Ein solcher Methodenführerschein bestätigt den Schülern, dass sie sich im Zusammenhang mit bestimmten Basiskompetenzen weiterentwickelt haben. Der Deutschunterricht ist dabei gefordert, wenn es um Fertigkeiten auf dem Gebiet

→ des Lesens,
→ des Hörens,

•→ des Schreibens,

•→ des Diskutierens,

•→ des Recherchierens,

•→ des Präsentierens und

•→ des Dokumentierens

geht. Für alle diese Aspekte ist eine Auflistung dokumentierbarer Kompetenzen denkbar. Damit wird auch die Einschätzung vieler Schüler widerlegt, die allen Ernstes glauben, mit bestimmten Kompetenzen bereits abschließen zu können. So sind sich viele Schüler ganz sicher, das Lesen bereits so weit zu beherrschen, dass es hier kaum noch etwas zu verbessern gibt. Dabei hat sich ihre Blickspanne auf dem Niveau eines ABC-Schützen eingependelt, dabei subvokalisieren sie womöglich immer noch einzelne Laute – wodurch das Lesetempo abgewürgt wird und vielen die Freude am Lesen abhandenkommt.

Der interdisziplinären Kunst des Präsentierens stand der Deutschunterricht lange Zeit skeptisch gegenüber. Allzu lange wurde darin eher ein Schaulaufen von Selbstdarstellern als eine kommunikative Dienstleistung gesehen. Je mehr Eigeninitiative man aber den Schülern zutraut und je mehr man auf deren Neugierde, Forscherdrang und Erkenntnisbedarf setzt – umso mehr müssen diese lernen, die Ergebnisse ihrer Arbeit auch anderen mitzuteilen und dafür eine informative und anschauliche Form zu finden. Gleichzeitig müssen die Schüler einsehen, dass sich diese Kompetenz erlernen lässt und dass damit nicht nur extrovertierte Naturtalente glänzen können. Ein Methodenführerschein ist so etwas wie ein Logbuch, das diesen Lernprozess dokumentiert.

Präsentieren will gelernt sein!

14

Beim Präsentieren geht es nicht darum, eine Show abzuziehen und die anderen damit zu beeindrucken. Denn im Unterricht sollte es nun einmal anders zugehen als beim „Supertalent". Vielmehr sollt ihr die Ergebnisse eurer Einzel- oder Gruppenarbeiten so gut aufbereiten, dass auch die anderen etwas davon haben.

Dazu müsst ihr viele Dinge beherrschen, die euch nicht in die Wiege gelegt worden sind. Der Methodenführerschein zeigt euch, wie weit ihr dabei schon gekommen seid.

Fortsetzung ▶▶

Deshalb markiert ihr zu Beginn des Schuljahres mit einer Büroklammer am Rand dieses Blatts, wie weit ihr die Kunst der Präsentation schon beherrscht. Mit einer zweiten Klammer solltet ihr dann festlegen, bis wohin ihr im Verlauf des neuen Schuljahres kommen wollt. Für den einen kann es dabei ein erstrebenswertes Ziel sein, den Mitschülern die Ergebnisse einer Gruppenarbeit vorzutragen – während ein anderer die Klasse während eines Referats aktiv beteiligen will. In jedem Fall solltest du dich mit deinem Deutschlehrer beraten, bevor du hier eine Entscheidung triffst.

Wenn du während des Schuljahres glaubst, eine der Anforderungen richtig gut zu beherrschen, solltest du dich an deinen Lehrer wenden und ihm zeigen, was du inzwischen so drauf hast. Er bestätigt dir mit seiner Unterschrift im Methodenführerschein, dass du wirklich etwas dazugelernt hast.

	Datum	Unterschrift
1. Du kannst vor anderen sprechen und deine Meinung sagen.		
2. Du kannst einen Text laut vorlesen oder ein Gedicht vortragen.		
3. Du kannst vor deinen Mitschülern ein längeres Statement abgeben.		
4. Du kannst frei sprechen und dich dabei nur eines Spickzettels bedienen.		
5. Du kannst dabei auch die Mittel der Körpersprache einsetzen.		
6. Du kannst die Ergebnisse einer Gruppenarbeit vortragen.		
7. Du kannst ein Referat halten.		
8. Du kannst ein Referat gemeinsam mit einem Mitschüler vortragen.		

Fortsetzung ▶▶

9. Du kannst ein Referat halten und dabei auch Medien einsetzen.		
10. Du kannst dabei auch mit Tabellen und Diagrammen arbeiten.		
11. Du kannst ein brauchbares Handout gestalten.		
12. Du kannst deine Haltung in Form eines Thesenpapiers zusammenfassen.		
13. Du kannst im Rahmen eines Referats die Zuhörer durch interaktive Übungen einbeziehen.		
14. Du kannst deine Ergebnisse so darstellen, dass auch Mitschüler mit Seh- oder Hörbehinderungen etwas davon haben.		
15. Du kannst eine PowerPoint™-Präsentation erstellen.		

Der Methodenführerschein steht für die Entwicklung von der Hol- zur Bringschule.

In der **Hol-Schule** liegt es in der alleinigen Vollmacht des Lehrers, die Lernfortschritte seiner Schützlinge zu überprüfen. Hier werden die Schüler zu Beginn des Unterrichts abgefragt, müssen sich diese an der Tafel beweisen oder regelmäßig einer Klassenarbeit unterziehen. Der Zeitpunkt solcher oft überfallartiger Kontrollen wird dabei ganz allein vom Lehrer festgelegt.

Demgegenüber ist es dem Schüler in der **Bring-Schule** freigestellt, wann er sich dem Urteil des Lehrers stellen möchte. Wenn er sich aber sicher ist, eine weitere Etappe vorangekommen zu sein, wird er sich aus freien Stücken an den Lehrer wenden, um sich diesen Zugewinn an Wissen und Können bestätigen zu lassen. Der Hol-Zwang konkurriert so mit dem Bring-Willen der Schüler. Denn auch in der Bring-Schule sind die Schüler nicht sich selbst überlassen, weil sie immer mit einer verlässlichen Rückmeldung seitens ihrer Lehrkräfte rechnen können.

METHODENLERNEN IM KLASSENVERBUND

Das Methodenlernen verfolgt nicht ausschließlich einen instrumentellen Zweck. Denn es kann nicht damit getan sein, den Schülern bestimmte Techniken zu vermitteln und ihnen ein effektiveres Arbeiten zu ermöglichen. Darüber hinaus leistet es auch einen Beitrag zum sozialen Lernen. Denn hier erfahren die Schüler nicht nur, welche Methoden ihnen liegen und an welchen sie noch zu arbeiten haben – sie erleben auch, wie sich diese Neigungen und Kompetenzen zu einem konstruktiven Ganzen zusammenfügen. Wer um seine Schwachstellen weiß und sich hier übertordert fühlt, kann immer mit der Unterstützung durch einen Mitschüler rechnen, der sich vielleicht gerade damit besonders leicht tut.

Augenfällig wird diese Erfahrung, wenn die ganze Klasse an einem gemeinsamen Vorhaben arbeitet. Im Rahmen eines Theaterprojekts z.B. kann jeder den Platz einnehmen, an dem er sich mit seinen methodischen Stärken einbringen kann: Da warten auf die Schüler vor und hinter den Kulissen so viele Aufgaben, da werden ihnen so viele Kompetenzen abverlangt – dass keiner zum bloßen Zuschauen verdammt ist. Und wenn sich die Mitwirkenden zum Abschluss noch einmal vor dem geneigten Publikum verbeugen, dann sollte wirklich die ganze Klasse vor den Vorhang treten. Ein solches Projekt scheitert nicht an der Verschiedenheit – sondern es zehrt geradezu davon.

Diese Abstimmung der methodischen Stärken innerhalb einer Klasse gelingt freilich nur dann, wenn diese nicht unterschiedlich bewertet werden. So hat der Auftritt eines Jungen mit Entwicklungsverzögerung, der dem Publikum die bevorstehende Pause ankündigt, genau so viel Wertschätzung verdient wie die Rollengestaltung der Schülerin, die die Alice im Wunderland als ein aufgewecktes, modernes Mädchen gibt. Eine Hierarchisierung der Kompetenzen darf weder im Klassenzimmer noch in den Köpfen stattfinden. Denn letztlich ist die Klasse auf die Beiträge aller Schüler angewiesen. Ob ein Schüler vor oder hinter den Kulissen agiert, ob er eher an den Vorbereitungen oder eher an der Präsentation beteiligt ist, ob er mit handwerklichem Geschick oder mit ausgefeilter Rhetorik auf sich aufmerksam macht – das darf deshalb alles keine Rolle spielen. Auch das Methodenlernen ist so etwas wie ein Mannschaftssport.

Lexikon der ersten Male

Die Reise in die eigene Vergangenheit ist nicht nur für Menschen im Seniorenalter ein beliebter Zeitvertreib. Auch für junge Menschen verbindet sich damit eine teils anrührende, teil selbstkritische Auseinandersetzung mit der eigenen Persönlichkeit.

Weil aber die Schüler einer Klasse auf sehr unterschiedliche Erfahrungen und Erlebnisse zurückblicken, macht es Sinn, sich über die individuellen Stationen einer solchen Zeitreise untereinander auszutauschen. Das **Lexikon der ersten Male** bietet dafür einen ebenso anschaulichen wie informativen Rahmen. Vorbild dieser Methode ist das gleichnamige Sachbuch von Matthew Richardson, in dem sämtliche Erfindungen, Entdeckungen und Geistesblitze der Menschheitsgeschichte aufgelistet und datiert sind – vom ersten Wolkenkratzer (280 v.Chr.) bis zum ersten Geldautomaten (1969 n.Chr.).[19]

Viel mehr als das erste Schriftzeichen, das erste Attentat oder die erste Kernspaltung dürfte die Schüler aber interessieren, welche „ersten Male" die Höhen und Tiefen ihrer noch jungen Biografie markieren. Dazu werden an den Wänden des Klassenzimmers, je nach den gewählten Kategorien, sechs unterschiedliche Plakate mit entsprechenden Überschriften aufgehängt. Auf jedem Plakat sind Ringe aufgezeichnet, die an die Jahresringe eines Baumes erinnern. Und auch hier steht jeder Ring für ein Lebensjahr. Außerdem erhält jeder Schüler sechs Haftzettel in unterschiedlichen Farben, die jeweils für sechs Kategorien seines bisherigen Lebenswegs stehen.

Die Schüler erinnern sich bei jeder Kategorie an ein Beispiel, das sie besonders beeindruckt hat und von dem wichtige Impulse für ihre Biografie ausgegangen sind. So könnten die grünen Zettel für alle Ereignisse stehen, die etwas mit der geistigen Entwicklung der jungen Menschen zu tun haben. Hier könnte eine Schülerin erwähnen, dass sie eines Tages den Glauben an den Osterhasen und den Klapperstorch verloren hat – und ein anderer, welches Erlebnis ihn dazu veranlasst hat, sich in die Gedankenwelt des Buddhismus hineinzuversetzen. Solche Beispiele werden auf den Zetteln notiert und an die Tafel geheftet – und zwar je nach Alter auf den entsprechenden Jahresring. So entsteht ein biografisches Panorama, das die Lebenswege der Schüler nachzeichnet und einen Vergleich zwischen deren einzelnen Stationen sichtbar macht.

Ein Beispiel für die Unterrichtspraxis:
EINBLICKE IN DIE KOMMUNIKATIVE SOZIALISATION

Wenn es um das Lesen und Schreiben geht, plagen unsere Schüler in der Regel keinerlei Minderwertigkeitskomplexe. Sie sind fest davon überzeugt, diese Kulturtechniken nicht nur zu beherrschen, sondern es hierbei zu einiger Perfektion gebracht zu haben. Damit ist dieses Kapitel ihrer Bildungsbiografie für sie bereits abgehakt. Dass sie sich aber auf dem Gebiet der schriftlichen Kommunikation noch weiterentwickeln können – das will ihnen nicht so recht in den Kopf.

So ist den meisten Schülern die Technik des kursorischen Lesens noch völlig fremd, und sie haben auch keine Ahnung, wie man sich die Metaebene eines Textes erschließt. Sie haben keine Übung darin, den Inhalt des Gelesenen auf einige wenige Kernaussagen zu reduzieren, und stehen nicht linearen Texten oft völlig hilflos gegenüber.

Vielleicht ändert sich das, wenn sie die Geschichte ihrer eigenen Sozialisation Revue passieren lassen. Dabei könnte ihnen bewusst werden, dass dieser Weg noch lange nicht zu Ende ist und dass sie derzeit allenfalls einen Zwischenstopp einlegen.

Das sollen die Schüler an sechs Basiskompetenzen ihrer kommunikativen Sozialisation nachvollziehen: dem Sprechen und dem Hören, dem Lesen und dem Schreiben, dem Spielen und dem Lernen. Mit dem **Lexikon der ersten Male** lässt sich für die Schüler eine solche Zeitreise organisieren.

Hier halten sie auf sechs verschiedenfarbigen Zetteln fest, an welche ersten Male sie sich erinnern können. Dabei kommt es entscheidend darauf an, wie kreativ und wie pfiffig ihre Auskünfte ausfallen. So sollten sie von sich nicht nur das jeweils Naheliegende verraten, sondern zu diesem Lexikon möglichst ungewöhnliche, überraschende oder witzige Informationen beisteuern. So macht es keinen großen Sinn, wenn die Schüler zu Protokoll geben, dass sie im Alter von sechs Jahren lesen gelernt und in der dritten Klasse ihren ersten Schulaufsatz geschrieben haben. Denn das dürfte ja auch für die meisten anderen Schüler gelten. Interessanter wäre es da, zu erfahren, dass eine Schülerin mit acht Jahren damit begonnen hat, unter der Bettdecke zu lesen, und dass sich ein Mitschüler in der fünften Klasse seine erste Strafarbeit im Deutschunterricht eingehandelt hat.

Zunächst werden entsprechende Beispiele gesammelt, dann die Zettel ausgefüllt. Solche Auskünfte verwandeln Ihre Schüler beim schlussendlichen Zusammentragen in aufmerksame Zuhörer und Mitdenker. Dann werden sich nämlich auch die anderen an längst vergessene oder verdrängte Etappen ihrer kommunikativen Entwicklung erinnern lassen.

LEXIKON DER ERSTEN MALE

Um einen Menschen richtig gut zu kennen, muss man auch etwas über seinen bisherigen Weg erfahren. Dazu habt ihr hier Gelegenheit.

Fortsetzung

Die sechs Haftzettel in unterschiedlichen Farben stehen für sechs Tätigkeiten, in denen du es unterschiedlich weit gebracht hast. Überlege dir jeweils ein Ereignis, das für dich sehr wichtig war und das dich in dieser Tätigkeit wirklich vorangebracht hat – und notiere dieses Ereignis auf einem Zettel in der passenden Farbe.

Sicher wirst du dich ungefähr erinnern können, in welchem Alter du diese Erlebnisse gehabt hast. Klebe die sechs Zettel auf die sechs Plakate mit den entsprechenden Überschriften, die im Klassenzimmer aufgehängt sind – und zwar jeweils auf die entsprechenden Jahresringe. So erfahren alle, welche Ereignisse für dich besonders wichtig geworden sind – und in welchem Alter du damit zu tun hattest.

weiß/Sprechen	grün/Hören	blau/Lesen
Z.B.: • das erste Wort beim Spracherwerb • zum ersten Mal den eigenen Namen ausgesprochen • mein erstes Schimpfwort • das erste Wort in einer anderen Sprache • zum ersten Mal die eigene Stimme im Radio gehört	Z.B.: • zum ersten Mal etwas vorgelesen bekommen • meine erste Hörspielkassette • zum ersten Mal eine Vogelstimme erkannt • zum ersten Mal das eigene Hörvermögen getestet • den ersten MP3-Player geschenkt bekommen	Z.B.: • zum ersten Mal ein Wort wiedererkannt • der erste Satz im Leseunterricht • zum ersten Mal ein ganzes Buch durchgelesen • der erste Besuch in einer Bibliothek • meine ersten Erfahrungen mit dem E-Book
rot/Schreiben	gelb/Spielen	braun/Lernen
Z.B.: • mein erster Buchstabe • zum ersten Mal den eigenen Namen geschrieben • der erste Füller • zum ersten Mal einen Brief verfasst • den ersten Spickzettel geschrieben	Z.B.: • mein erster Auftritt vor laufender Kamera • das erste Rollenspiel • mein erster Versuch mit bewegten Bildern • zum ersten Mal in einer öffentlichen Aufführung mitgewirkt • der erste Besuch im Theater	Z.B.: • zum ersten Mal ein Smiley bekommen • zum ersten Mal ein Gedicht auswendig gelernt • das erste Aufsatzthema • die erste schlechte Note in Deutsch • mein erstes Referat

Der Blick in die eigene Vergangenheit hilft den jungen Leuten, mit den Handicaps und Defiziten ihrer Mitschüler großzügig umzugehen. Das Lexikon der ersten Male erinnert sie daran, dass auch sie nicht immer perfekt waren und wie steinig sich auch für sie der Weg zu Wissen und Können darstellt. Sie fühlen sich durch Mitschüler, die sich mit dem Kompetenzerwerb etwas mehr Zeit lassen, an ihre eigene Situation erinnert – so wie sie sie vor ein paar Jahren noch erlebt haben. Das fördert das Verständnis der Schüler untereinander und vermittelt den Schülern eine Erfahrung, die sich so nur in inklusiven Klassen machen lässt.

Die Gilden

Die moderne Arbeitswelt braucht Allrounder – und sie braucht Spezialisten. Die Schule aber hat diesen Bedarf bisher nur unzulänglich bedient. Denn ihr sind Alleswisser und Alleskönner 1000-mal lieber als Schüler mit speziellen Neigungen und Kenntnissen. Dahinter steckt offensichtlich die Angst, man könne die Leistungen solcher Spezialisten nicht miteinander vergleichen. Dadurch aber könnte der Schule abhandenkommen, worauf sich bisher ihre Autorität stützte: Denn ohne eine solche Vergleichbarkeit lassen sich die Leistungen der Schüler nicht mehr benoten, macht es keinen rechten Sinn mehr, die Schüler aufsteigen oder abschulen zu lassen. In einer inklusiven Schule aber sind auch Spezialisten willkommen: Schüler, die mit mancherlei Schwächen und Problemen zu kämpfen haben – die aber aufblühen, wenn sie in ihrem ureigensten Metier gefordert sind. Als Mitglieder einer **Gilde** können sie sich selbst und anderen beweisen, dass sie etwas zu Stande bringen.

Dazu finden sich zunächst einmal gleich große Gruppen zusammen. Diese wissen noch nicht, welche Aufgabe später auf sie zukommt. Aber sie wissen von Anfang an, dass dabei mit Hilfe unterschiedlicher Methoden gearbeitet werden soll. Deshalb verständigt sich jede Gruppe darauf, welcher Teilnehmer welche Methode übernimmt. Anschließend lösen sich die Gruppen auf, und die Schüler schließen sich jeweils einer Gilde an: Hier treffen sie andere Schüler, die sich ebenfalls für eine bestimmte Methode entschieden haben. Jede Gilde erarbeitet ein methodisches Konzept, das die Mitglieder dann ihrer Gruppe vorstellen und mit dem sie zur Lösung der gemeinsamen Aufgabe beitragen können. Anschließend wechseln die Schüler zurück in ihre Gruppe – und die gemeinsame Arbeit beginnt.

In heterogenen Lerngruppen können die Gilden dazu beitragen, dass sich jeder Schüler als ein Spezialist fühlen kann. Wenn es z.B. darum geht, einen Gebrauchstext zu analysieren, kann sich eine Gilde mit Satzlänge und Silbenzahl beschäftigen und dazu Impulse für die Gruppenarbeit erarbeiten – während sich eine andere Gilde die Konnotationen des Textes vornimmt, um so die Absicht des Autors zu erschließen. Beide Zugänge sind als Beitrag zur Gruppenarbeit willkommen, denn schließlich zählt hier nur das Gesamtergebnis: die umfassende Analyse eines solchen Textes.

Ein Beispiel für die Unterrichtspraxis:
AUSWAHL DER KLASSENLEKTÜRE

Ein ganzes Buch zu lesen, ist für viele Schüler keine Selbstverständlichkeit. Ihre literarische Sozialisation vollzieht sich auf der Basis einiger Märchen, Fabeln oder Kurzgeschichten, mit denen sie im Rahmen des Deutschunterrichts konfrontiert waren. Ihre Lektürebasis umfasst keine ganzen Bücher, sondern allenfalls einzelne Kostproben. Der Deutschunterricht kann nicht darauf vertrauen, irgendwann würden die Schüler schon noch zu einem Buch zu greifen – sei es aus Neugierde oder aus Langeweile. Weil die Literatur aber nie auf das Niveau von Readers Digest absinken darf, ist hier die Schule gefordert. Im Rahmen der Klassenlektüre erleben viele Schüler zum ersten Mal, wie sie die Lektüre einer Ganzschrift zu fesseln vermag – und das von Anfang bis Ende. Voraussetzung ist freilich, dass die gemeinsame Lektüre den Geschmack der jungen Leute trifft und dass sich dadurch auch die Lesemuffel in der Klasse erreichen lassen. Das aber wird nur gelingen, wenn die Schüler bei der Auswahl der Klassenlektüre gefragt werden und wenn sie unter verschiedenen Vorschlägen zu wählen haben.

In den unterschiedlichen Gilden lernen die Schüler, wie man sich einen Eindruck von den literarischen Qualitäten eines Buchs verschafft – ohne dieses von Anfang bis Ende durchgelesen zu haben. Dabei kann einem der Klappentext ebenso weiterhelfen wie eine Hörprobe oder ein Textauszug. Wenn dann die methodischen Anregungen der einzelnen Gilden in die Arbeit der Gruppen einfließen, wird sich das Bild des jeweiligen Lektürevorschlags abrunden lassen. Anschließend stellen die einzelnen Gruppen ihren Vorschlag vor. Und die Klasse wird dann auf einer gesicherten Materialbasis entscheiden können, welchem Buch sie schließlich den Zuschlag gibt.

Ein Buch für die ganze Klasse

16

Ein Buch nur deshalb zu lesen, weil man dazu gezwungen wird – das macht keinen Spaß und kann die Lektüre sogar zur Qual werden lassen. Deshalb sollt ihr ganz demokratisch darüber entscheiden, welches Buch ihr in diesem Schul-

Fortsetzung ▶▶

jahr als Klassenlektüre lesen wollt. Dazu stehen euch fünf Bücher zur Auswahl – Bücher, von denen ihr euch auf ganz unterschiedlichen Wegen ein Bild machen sollt. Dazu leisten die Gilden entsprechende Vorarbeit. Dadurch wird es euch in den Gruppen leichter gemacht, zu einem abschließenden Urteil zu kommen.

In einem ersten Arbeitsschritt entscheidet jede Gruppe darüber, welcher Teilnehmer sich mit welchen Methoden beschäftigen und sich deshalb welcher Gilde anschließen sollte. Dann ziehen sich die einzelnen Gilden zurück und beraten darüber, wie sich aus ihrer Sicht die vorgeschlagenen Bücher begutachten lassen. In diesem zweiten Arbeitsschritt erarbeiten die Gilden methodenbezogene Kriterien, mit denen sich die Eignung eines Buches als Klassenlektüre ermitteln lässt.

Hier sind die Fragestellungen der einzelnen Gilden für unseren Fall:

Gilde	Auftrag
1. Gilde: Betül, Frederik, Kimberley, Sarah, Tobias.	Was lässt sich aus Klappentexten und Katalogen über ein Buch herausbekommen?
2. Gilde: Ahmad, Jan, Lena, Tanja, Tibor.	Was bringt es, wenn man sich mit Textauszügen aus einem Buch im Original beschäftigt?
3. Gilde: Esra, Konstantin, Manuel, Selina, Uta.	Wie kann man im Internet ermitteln, ob sich ein Buch zur Klassenlektüre eignet?
4. Gilde: Annika, Gregor, Kathrin, Mustafa, Sezen.	Welchen Eindruck bekommt man von einem Roman, wenn man ihn in Form eines Hörbuchs kennenlernt?
5. Gilde: Dennis, Fatima, Kai, Loretta, Nico.	Wie zeigt sich einem die Qualität eines Buches, wenn man nur seine Verfilmung kennt?

Im Rahmen eines dritten Arbeitsschritts lösen sich die Gilden auf, und die Schüler schließen sich wieder ihren Ausgangsgruppen an. In diesen können sie auf das Buch im Original sowie auf Kataloge oder Rezensionen zurückgreifen. Darüber hinaus stehen ihnen die notwendigen Geräte, wie Rechner, DVD- oder CD-Player, zur Verfügung. Durch entsprechende Lese-, Hör- und Sichtungsproben bildet sich die Gruppe ein Urteil.

Gruppe	Auftrag
Gruppe A: Betül, Dennis, Gregor, Konstantin, Tanja.	Ihr sollt herausfinden, ob wir uns für Thomas Brussigs Buch „Am kürzeren Ende der Sonnenallee" als Klassenlektüre entscheiden sollten.
Gruppe B: Kimberley, Loretta, Mustafa, Tibor, Uta.	Ihr sollt herausfinden, ob wir uns für Wolfgang Herrndorfs Buch „Tschick" als Klassenlektüre entscheiden sollten.
Gruppe C: Annika, Fatima, Frederik, Jan, Selina.	Ihr solltet herausfinden, ob wir uns für Benjamin Leberts Buch „Crazy" als Klassenlektüre entscheiden sollten.
Gruppe D: Ahmad, Esra, Kathrin, Kai, Tobias.	Ihr sollt herausfinden, ob wir uns für Gudrun Pausenwangs Buch „Die Wolke" als Klassenlektüre entscheiden sollten.
Gruppe E: Lena, Manuel, Nico, Sarah, Sezen.	Ihr sollt herausfinden, ob wir uns für Morton Rhues Buch „Die Welle" als Klassenlektüre entscheiden sollten.

Anschließend überlegen sich die Schuler in ihren Gruppen, wie sie die einzelnen Titel aufbereiten wollen, wenn sich ihre Mitschüler ein möglichst zuverlässiges Bild von deren literarischen Qualitäten machen wollen. Das wäre dann der vierte Arbeitsschritt, bis es dann zu einer abschließenden Diskussion und Entscheidungsfindung kommt.

Meth-o-Mat

Auch beim **Meth-o-Mat** wird den Schülern ein Thema vorgeben – und sie selbst haben zu entscheiden, auf welchen Wegen sie sich ihrem Gegenstand nähern wollen. Die Auswahl der angebotenen Methoden folgt dabei dem Vorbild des Projektlernens:

Neben kognitiven und kommunikativen Aufgaben bleibt den Schülern viel Raum zum praktischen Tun oder zu einem Lernen mit allen Sinnen. Diese Bandbreite methodischer Angebote kommt dem Bedarf inklusiver Klassen entgegen. Dem Projektlernen entlehnt sind auch der interdisziplinäre Ansatz, die Erschließung alternativer Lernorte sowie die Ausrichtung auf ein vorzeigbares Produkt. Gleichzeitig arbeiten hier alle Schüler an einem gemeinsamen Thema – sodass keiner nur mit sich selbst beschäftigt ist und immer wieder Gelegenheit besteht, um sich untereinander auszutauschen und die Zwischenergebnisse miteinander abzugleichen.

Grundlage des Meth-o-Mat ist ein Aufgabenblatt, auf dem unterschiedliche Arbeitsaufträge aufgelistet sind. Für jede dieser Aufgaben ist vermerkt, wie viele Schüler dafür vorgesehen sind. So kann es die Aufgabe der Schüler sein, in einem Archiv zu recherchieren, die Menschen auf der Straße zu befragen oder sich mit der Kamera auf Spurensuche zu begeben. So können sie damit befasst sein, eine Dokumentation zu erstellen, eine Veranstaltung zu organisieren oder eine Spielszene einzustudieren. Nach dem Zufallsprinzip können sich die Schüler der Reihe nach für den einen oder anderen Arbeitsauftrag entscheiden. Wenn die vorgesehene Teilnehmerzahl erreicht ist, kann eine Aufgabe nicht mehr gewählt werden; mit der Zeit schrumpft das Angebot also immer mehr zusammen. Damit können die Schüler aber erfahrungsgemäß gut leben, solange ihnen keine Projektarbeit aufgedrängt wird und sie immer noch die Qual der Wahl haben.

Anschließend machen sich die einzelnen Projektgruppen ans Werk, um ihren Arbeitsauftrag zu erfüllen. Mehr als alle Informationen, Materialien und Hilfsmittel brauchen sie dafür: Zeit. Denn solche Projektarbeiten lassen sich nicht in einer einzigen Schulstunde durchführen. Gerade weil die Schüler auf einem für sie fremden Terrain unterwegs sind, müssen ihnen Fehlversuche und Umwege zugestanden, sollten Durststrecken und Orientierungsprobleme einkalkuliert werden. Deswegen muss den Schülern ein entsprechendes Zeitbudget eingeräumt werden. Als Lehrkraft agieren Sie dabei eher im Hintergrund: Sie drängen sich niemandem auf, sondern halten sich für die eine oder andere Nachfrage bereit. Gefordert sind Sie allerdings, wenn es darum geht, die Ergebnisse der einzelnen Projektgruppen abzurufen und dafür einen angemessenen Rahmen zu schaffen. Erst im Rahmen einer solchen Präsentation der Projektergebnisse erfahren die Schüler jene Wertschätzung, die sie für manches Scheitern und für so manchen Frust entschädigt.

Ein Beispiel für die Unterrichtspraxis:

DAS RADIO – EIN UNTERSCHÄTZTES MEDIUM

Wenn sich junge Menschen über ihre Medienerfahrungen austauschen, spielt das Radio eine eher untergeordnete Rolle. Dabei nutzt eine große Mehrheit unserer Schüler regelmäßig die Angebote des privaten oder öffentlichen Hörfunks. Aber wie auch den Erwachsenen dient ihnen das Radio dabei eher als ein Nebenbei-Medium: Es läuft mit, wenn sie chillen oder lesen, wenn sie sich die Zähne putzen oder wenn sie vor dem Rechner sitzen, wenn sie im Haushalt mithelfen oder sich auf eine Klassenarbeit vorbereiten. Oft können sie anschließend nicht einmal sagen, ob das Radio mitgelaufen ist. Erst recht nicht können sie sich daran erinnern, was sie da im Einzelnen gehört haben. Denn das Gehörte scheint irgendwo im Unterbewussten zu versickern.

Solche unterschwelligen Vorgänge bewusst zu machen, gehört zum medienpädagogischen Auftrag des Deutschunterrichts. Hier sollen die Schüler lernen,

➡ sich einen umfassenden Überblick über die vielfältigen Angebote der Hörfunksender zu verschaffen. Viele Schüler haben eine Lieblingsfrequenz, wissen aber nicht, welche Spartensender über Kabel oder Internet zu empfangen sind. Vor allem zu den Wortsendern haben die meisten keinen Zugang.

➡ die Arbeitsweise der bei jungen Leuten so beliebten privaten Musiksender zu hinterfragen. Diese arbeiten in der Regel nach dem Prinzip des Formatradios: Sie versuchen, über die Musikauswahl bestimmte Hörergruppen an sich zu binden und damit den Werbekunden ein möglichst zielgerichtetes Angebot zu machen.

➡ sich mit gefährdeten Formaten der Radiokultur vertraut zu machen. So erfahren die Schüler oft erst im Rahmen des Unterrichts, dass es sich beim Hörspiel um eine anspruchsvolle literarische Gattung handelt – deren mediale Effekte weit über „Benjamin Blümchen" hinausgehen.

➡ die Möglichkeiten des Mediums zu nutzen, um selbst auf Sendung zu gehen und damit ein breites Publikum zu erreichen. So lässt sich ein Hörfunkbeitrag mit relativ einfachen Mitteln produzieren. Und fast überall gibt es inzwischen Offene Radiokanäle bzw. Übungs- und Ausbildungssender, die mit den Schulen kooperieren.

Dazu bietet sich die Form des Projektlernens an, weil Sie die Schüler durch praktische Aufgaben noch am ehesten motivieren können, sich auf eine ihnen gänzlich fremde Kultur einzulassen. Mit dem Meth-o-Mat steht Ihnen dabei ein Verfahren zur Verfügung, das den Schülern die Wahl lässt – und das gleichzeitig sicherstellt, dass dabei ein solches Thema in seiner ganzen Ausdehnung erfasst wird.

17

RADIO TIMES
Ein Medium im Praxistest

74% der Deutschen hören regelmäßig Radio – und haben von diesem Medium trotzdem keine Ahnung. Das gilt vielleicht auch für euch. Mit unserem Projekt zum Radiohören soll sich das ändern.

Dazu liegen euch 16 Arbeitsaufträge vor, unter denen ihr zu wählen habt. Auf dem Blatt ist jeweils vermerkt, wie viele Schüler für eine Aufgabe vorgesehen sind. Überlegt euch schon einmal, für welche Arbeiten ihr euch bewerben wollt. Dann geht das ganze Verfahren schneller über die Bühne. In welcher Reihenfolge ihr aufgerufen werdet – das entscheidet sich an den letzten beiden Ziffern eurer Festnetznummer. Wer hier auf die niedrigste Zahl kommt, kann sich als Erster für einen Arbeitsauftrag melden. Sein Name wird dann notiert, bevor der Nächste seine Lieblingsaufgabe nennt. Das geht so weiter, bis der Mitschüler mit der höchsten Festnetznummer seinen Wunsch genannt hat. Wenn sich ausreichend viele Schüler für einen Arbeitsauftrag gemeldet haben, kann dieser nicht mehr gewählt werden. Wenn aber für eine Aufgabe nicht ausreichend viele Bewerbungen vorliegen, müssen die übrig Gebliebenen am Schluss neu verteilt werden.

Und nun solltest du dich für einen der folgenden Arbeitsaufträge entscheiden:

Du hast eine Woche Zeit, um live auf Sendung zu gehen. Dazu nimmst du z.B. an der telefonischen Umfrage eines Senders teil. Als Beweis legst du einen Mitschnitt der Sendung vor. *(1 Schüler)*	Ihr nehmt Hörproben weitgehend unbekannter Radiosender auf und stellt diese euren Mitschülern vor. Dazu solltet ihr euch auch der Radios bedienen, die nur im Internet zu empfangen sind. *(2 Schüler)*	Ihr befragt blinde Mitbürger nach ihren Hörgewohnheiten. Daraus wird eine Radio-Reportage, die ihr dann euren Mitschülern vorspielt. *(3 Schüler)*	Ihr informiert euch an einer anderen Schule: Gibt es dort ein eigenes Schülerradio, und wie funktioniert das? Dann produziert ihr eine Pilotsendung für ein solches Schülerradio an der eigenen Schule. *(4 Schüler)*

Fortsetzung ▶▶

Ihr habt möglichst viele Geräusche aufzunehmen – und euch dabei einfachster Mittel zu bedienen. Euer Vorbild ist dabei eine Hörspielproduktion. *(3 Schüler)*	Ihr habt euch darüber zu informieren, welche Sender ausschließlich über das Internet zu empfangen sind. Darüber berichtet ihr auf einem Faltblatt. *(2 Schüler)*	Ihr wertet das Material der Presseagenturen aus und stellt daraus eine Nachrichtensendung zusammen. Die Nachrichten werden aufgezeichnet und mit der Nachrichtensendung eines Info-Kanals verglichen. *(3 Schüler)*	Ihr müsst anhand mehrerer Zeitschriften und Tageszeitungen überprüfen, wie ausführlich diese über das Fernseh- und das Hörfunkprogramm berichten. *(2 Schüler)*
Du versuchst, herauszubekommen, wann und auf welchen Sendern regelmäßig Hörspiele gesendet werden. Dazu legst du einen „Deutschen Hörspielatlas" vor. *(1 Schüler)*	Du hast dich einem Selbstversuch zu unterziehen: Wie lange schaffst du es, auf das Fernsehen zu verzichten und nur auf das Hörfunkprogramm zuzugreifen? Darüber berichtest du regelmäßig deinen Mitschülern. *(1 Schüler)*	Ihr müsst für eure Mitschüler einen Test vorbereiten. Dazu spielt ihr ihnen Hörproben aus dem Musikprogrammen der lokalen Radiosender vor. Können sie jeweils auf Grund der Musikauswahl herausbekommen, um welchen Sender es sich hier handelt? *(3 Schüler)*	Du hast in alten Zeitschriften zu stöbern und dabei nach Programmen aus der Zeit des „Dampfradios" zu suchen. Diese hast du in ein Layout zu übertragen, wie es in modernen Programmzeitschriften üblich ist. *(1 Schüler)*
Ihr habt eine Umfrage durchzuführen und dabei Passanten nach ihrem Lieblingssender zu befragen. Die Ergebnisse stellt ihr jeweils in Form einer PowerPoint™-Präsentation vor. *(3 Schüler)*	Ihr bereitet ein Quiz für eure Mitschüler, aber auch für junge Leute außerhalb eurer Schule vor: Hier werden den Teilnehmern die Stimmen von Prominenten oder besonders einprägsame Geräusche vorgespielt – die dann jewells richtig zugeordnet werden können. Im Schulradio könnt ihr dazu die Stimmen eurer Lehrer erraten lassen. *(3 Schüler)*	Ihr habt ein Mini-Hörspiel zu produzieren, das einer literarischen Vorlage folgt, aber nicht länger als zehn Minuten sein darf. *(4 Schüler)*	Du legst ein Schnupperpraktikum als Tontechniker bei einem lokalen Hörfunksender ab und entwirfst dazu einen Berufseignungstest. *(1 Schüler)*

Am Meth-o-Mat lässt sich beispielhaft demonstrieren, wie das Prinzip der Angebotsdifferenzierung funktioniert: Hier müssen sich die Schüler nicht erst einem Eignungstest unterziehen, bevor sie eine bestimmte Aufgabe übernehmen dürfen. Stattdessen wird ihnen freigestellt, sich für die eine oder andere Methode zu entscheiden. Dabei wird sich der handwerklich begabte Schüler eher dafür interessieren, Geräusche täuschend echt nachzumachen – während es die Schülerin mit den kreativen Neigungen vorziehen wird, ein Mini-Hörspiel zu produzieren. Hier scheinen die Schüler über eine sensible Antenne zu verfügen, die sie davor bewahrt, sich selbst heillos zu überfordern.

Der Tauschring

Die meisten Schüler scheinen sehr genau zu wissen, ob ihnen ein bestimmtes Fach liegt oder nicht. „Ich kann einfach kein Mathe", hört man dann. Oder: „In Französisch bin ich eine Niete". Oder aber: „Deutsch ist mein Problemfach". Solche Selbstauskünfte reflektieren die bestehende Praxis, nach der für die Benotung eines Schülers nur bestimmte Kompetenzen herangezogen werden. So dürfte sich der tiefere Sinn der höheren Mathematik nicht darin erschöpfen, irgendwelche Rechenaufgaben zu lösen. Nur darauf gibt es aber Zensuren. Und auch im Deutschunterricht kann es nicht nur darum gehen, Aufsätze oder Diktate zu schreiben. Vor allem solche Leistungsnachweise sind es aber, die in die Zeugnisnote eingehen. Deshalb muss sich bei den Schülern die Einsicht erst noch durchsetzen, dass in den einzelnen Fächern auch ganz andere Kompetenzen beansprucht werden. Und dass über solche Kompetenzen auch die Schüler verfügen, die mit dem Lösen von Rechenaufgaben oder mit dem Abfassen einer Gliederung ihre liebe Not haben. Über einen **Tauschring** erfahren die Schüler, auf welchen Kompetenzen das Methodenprofil eines Fachs aufbaut und wie viele Talente ihre Klasse dazu beisteuern kann.

Dazu wird jeder Schüler zunächst zu seiner eigenen Talentschmiede: Er muss herausfinden, was er wirklich gut kann und wo er sich ganz sicher fühlt. Dann gilt es, herauszufinden, ob in einem bestimmten Schulfach tatsächlich entsprechender Bedarf besteht. Wer z.B. über ein sensibles Gehör verfügt, kann damit in den modernen Fremdsprachen punkten. Und wessen räumliches Vorstellungsvermögen gut entwickelt ist, der wird sich in der Stereometrie leichter tun als andere. Aber auch das lernen die Schüler im Klassenverbund: Die Stärke des einen ist die Schwäche des anderen. Denn auf jeden Schüler, der über eine bestimmte Gabe verfügt – kommt in der Regel ein anderer, dem genau dieses Talent abgeht. Über den Tauschring treten beide in Kontakt: Hier trifft der Junge, der seit Kurzem einen kleinen Hund sein Eigen

nennt, auf eine Mitschülerin, die einem solchen Energiebündel Manieren beizu-
bringen weiß. Und hier kann sich das Mädchen, das ein Skateboard geschenkt
bekommen hat, von Gleichaltrigen zeigen lassen, wie dieses Brett auch für sie die
Welt bedeuten kann.

Für die Schüler ist der Tauschring so etwas wie ein Schaufenster ihrer verborgenen
Talente und Leidenschaften.

Dazu überlegt sich zunächst jeder Schüler, über welche besonderen Kompetenzen er
verfügt und wie sich daraus eine Dienstleistung machen lässt. Dabei wird es immer
darum gehen, den anderen eine ungeliebte Aufgabe abzunehmen oder sie in eine
ihnen fremde Kunst einzuführen.

Dann gilt es, eine Anzeige zu formulieren, in der für diese Dienstleistung geworben
wird. Denn wer etwas kann, wird daran interessiert sein, dieses Können an andere
weiterzugeben – auch wenn ihm das Temperament eines Marktschreiers sonst eher
fremd ist. Eine solche Anzeige wird anonym aufgegeben; der Inserent ist allenfalls
anhand seiner Festnetznummer identifizierbar (bitte beachten Sie den Datenschutz,
und achten Sie darauf, dass die Nummern das Klassenzimmer nicht verlassen). Die
aber dürfte – anders als die längst abgespeicherten Handynummern – nur den wenigsten Schülern bekannt sein. Später sind die einzelnen Angebote in einem Anzei-
genblatt zu finden, das auch von seiner Aufmachung her an die Machart solcher
Druckerzeugnisse erinnert. Die Schüler haben dann eine Woche Zeit, um die Anzeigen
zu studieren und mindestens drei der genannten Telefonnummern anzurufen. Und sie
haben einen Monat Zeit, um die angebotene Dienstleistung dann auch tatsächlich in
Anspruch zu nehmen. Zum Abschluss des Projekts präsentieren sie im Rahmen einer
Talentschau, was sie sich bei den Spezialisten in der eigenen Klasse alles abgeschaut
oder auch nur in Auftrag gegeben haben.

Ein Beispiel für den Unterricht:
DEUTSCH IM ALLTAG

Schüler lernen besser, wenn sie von der Bedeutsamkeit des Gelernten überzeugt sind.
– Diese Erkenntnis der Lernpsychologie dürfte allen Pädagogen vertraut sein, ohne
dass im schulischen Alltag immer konsequent danach gehandelt werden kann. Immer
wieder beklagen sich die Schüler über weltfremde Themen, überflüssige Inhalte oder
nutzlose Beschäftigungen. Vor allem der Deutschunterricht tut sich schwer damit,
Schüler und Öffentlichkeit von der Notwendigkeit seines Gegenstands und der

Nützlichkeit seines Tuns zu überzeugen. Das hängt damit zusammen, dass viele seiner Inhalte auch außerhalb der Schule als schöne, aber überflüssige Nettigkeiten abgetan werden, von denen kein Beitrag zu Wohlstand, Karriere und Ansehen zu erwarten ist.

Deshalb darf die Frage nach der Bedeutsamkeit des Gelernten nicht als utilitaristischer Reflex abgetan werden. Schüler haben ein Recht darauf, sich von der Legitimation eines Fachs überzeugen zu lassen. Aus gutem Grund wollen sie deshalb wissen, was sich mit den Inhalten eines Fachs anfangen lässt und welchen Beitrag es zur Gestaltung ihrer Lebenssituation leistet. Das gilt auch für den Deutschunterricht, der sich nicht länger hinter seiner Stellung als zentraler Ort des Methodenlernens und hinter seiner Funktion als Dienstleister anderer Fächer verstecken darf. Immer wieder sind die Schüler in ihrem Alltag mit Situationen konfrontiert, in denen ihnen die im Deutschunterricht vermittelten Kompetenzen weiterhelfen: Sei es, dass sie sich mit einem tabellarischen Lebenslauf bewerben, ihren jüngeren Geschwistern regelmäßig Gute-Nacht-Geschichten erzählen oder in ihrem Karnevalsverein mit einer launigen Büttenrede glänzen sollen. Ein Projekt, bei dem solche Kompetenzen angeboten und nachgefragt werden, kann den Schülern die Alltagstauglichkeit des Deutschunterrichts vor Augen führen und manche verloren gegangene Motivation wiederherstellen.

Um sich an einem Tauschring im Fach Deutsch zu beteiligen, müssen sich die Schüler zunächst darüber klarwerden, mit welchen Kompetenzen sie sich hier einbringen wollen und worin deren Gebrauchswert für die anderen Schüler bestehen könnte. Dabei werden sie auch solche Kompetenzen in Erwägung ziehen, von denen im Deutschunterricht vielleicht nie die Rede war: So könnte sich ein Schüler anbieten, die Texte seiner Mitschüler in die Mundart des Heimatraums zu übertragen. Und ein anderer könnte sich berufen fühlen, seinen Mitschülern zu einem so exklusiven wie wasserdichten Auftritt bei Facebook™ zu verhelfen. Auf der Basis solcher eher pragmatischen Angebote formulieren die Schüler Anzeigentexte, die dann für die ganze Klasse vervielfältigt werden:

18

„Die einen können es – die anderen brauchen es."
Ein Tauschring im Fach Deutsch

Vor vielen Jahrhunderten kamen die Menschen noch ganz ohne Geld aus: Sie bezahlten für Waren und Dienstleistungen nicht, sondern tauschten diese untereinander aus. Der Tauschring lässt diese Tradition wieder aufleben: Jeder von euch bietet dabei eine Dienstleistung an, die von den anderen angefordert

Fortsetzung

werden kann. Denn jeder von euch kann irgendetwas, was ein anderer gut gebrauchen oder was er von euch lernen könnte. Zu verdienen gibt es dabei nichts. Denn beim Tauschen zählt nur der ideelle Wert. Der aber kann beträchtlich sein. Die folgenden Anzeigen belegen das:

Bücher kostenlos oder sehr günstig? Ich weiß, wo es solche Bücher gibt, und berate dich gerne bei der Auswahl. Denn von Büchern verstehe ich was. *Festnetznummer*	Formulieren kannst du. Aber bei dieser Schrift kommen deine Texte trotzdem nicht an. Dann komm doch zu mir. Ich verstehe etwas von Kalligrafie! *Festnetznummer*	Auch dein Vogel spricht – wenn er bei mir erst einmal in die Lehre gegangen ist. Ich habe auch Flüche und Schimpfwörter im Programm. Nur Mut! *Festnetznummer*
Schauspielerei ist keine Hexerei sondern eine Kunst, die man lernen kann. Und zwar bei mir! Ich helfe dir, dich so zu bewegen und so zu sprechen wie ein Profi. *Festnetznummer*	Dir gehen allmählich die Witze aus? Keiner will dir mehr zuhören, weil deine Scherze längst alle kennen? Ich habe 1000 Witze auf Lager. Da müsste doch auch was für dich dabei sein! *Festnetznummer*	Reimen ist besser als Schleimen! Du sollst für irgendeinen Anlass ein Gedicht schreiben, hast davon aber keine Ahnung? Ich schon! *Festnetznummer*
Dir fallen keine Argumente ein, wenn du wieder einmal länger ausgehen möchtest. Davon kenne ich genug – und habe alle schon erfolgreich getestet! *Festnetznummer*	Fränkisch – der schönste Dialekt der Welt. Nur dass immer weniger Menschen diese Mundart beherrschen. Ich traue mir das zu. Und ich möchte dir helfen, zu einem waschechten Franken zu werden. *Festnetznummer*	Erste Hilfe im Katastrophenfall! Ich zeige dir, wie dir in Zukunft weniger Rechtschreibfehler unterlaufen. Denn es gibt da ein paar Tricks … *Festnetznummer*

Fortsetzung ▶▶

Der kleinste Spickzettel der Welt: handlich, übersichtlich, unauffällig. In fast allen Fächern bewährt. Wie es gemacht wird, erfährst du unter *Festnetznummer*	Kleine Geschwister nerven. Vor allem, wenn sie immer wieder eine Geschichte hören wollen. Wende dich an mich, wenn dein Vorrat an guten Geschichten erschöpft ist. Mir fallen immer neue ein. *Festnetznummer*	Du hast zu Hause jede Menge Bücher, die sich übereinander stapeln. Ganz klar: Dir fehlt Tommie, das bekannte Regal eines schwedischen Möbelhauses. Ich helfe dir beim Aufstellen – denn ich weiß, wie das geht. *Festnetznummer*
Du willst eine ganz tolle Glückwunschkarte gestalten? Eine, die aus dem Rahmen fällt und die nicht jeder verschenkt? Ich helfe dir. Denn ich weiß, wie es geht. *Festnetznummer*	Gänsehaut garantiert! Meine Horrorgeschichten werden dich nicht mehr loslassen. Denn sie sind unheimlich, geheimnisvoll und selbst erlebt. Komm, ich erzähl' dir was: *Festnetznummer*	Dir gefallen Leute, die immer einen guten Spruch draufhaben. Dir selbst fällt aber keiner ein. Dann solltest du dich bei mir melden. Denn ich weiß, wie man Sprüche klopft – und auch für dich habe ich noch ein paar auf Lager. *Festnetznummer*
Allein auf einer einsamen Insel? Irgendwo in der Wüste gestrandet? Hilflos in einer Gletscherspalte zappelnd? Ohne das Morsealphabet wärst du hier aufgeschmissen. Ein Anruf bei mir, und du lernst morsen. *Festnetznummer*	Der beste Comic ist der, den du nur im Kopf hast. Noch fehlt dir ein genialer Zeichner, der deine Ideen in Bilder umsetzt. Doch den gibt es bereits – und er geht mit dir in eine Klasse: *Festnetznummer*	Gibt es das wirklich: Filme aus dem Internet, die du dir runterladen kannst, ohne einen Cent dafür zahlen zu müssen? Und das alles in Blockbuster-Qualität? Ja, das gibt es! Und ich zeige dir, wie du da drankommst – und das Ganze auch noch legal! *Festnetznummer*

Fortsetzung ▶▶

Deine Unterschrift ist die reinste Lachnummer: Viel zu kindlich und viel zu einfallslos. Aber das muss nicht so bleiben. Denn ich entwerfe für dich eine Unterschrift, mit der du überall Eindruck machst: auffallend, dynamisch, geheimnisvoll. *Festnetznummer*	Erinnert dein Handout auch eher an eine Bleiwüste? Das können wir ändern. Mit einer neuen Schrift, mit Tabellen und Diagrammen, mit Zeichnungen und Fotos. Und das alles ohne teure Grafikprogramme. Auch Word™ bietet hier ungeahnte Möglichkeiten: *Festnetznummer*	Dein Profil bei Facebook™ ist so langweilig, dass sich kaum einer dafür interessiert. Warum vertraust du dich nicht lieber einem Profi an? Ich bin so ein Profi. Und meine Nummer ist *Festnetznummer*
Briefe sind dir ein Gräuel. Und du drückst dich davor, wo es nur geht. Kein Problem! Ich zeige dir, wie man mit Briefen Eindruck machen kann und wie man die Angst vor dem Briefeschreiben verliert. Beides geht. *Festnetznummer*	Dein Lieblingsbuch ist zerfleddert und geht schon aus dem Leim. Da bist du bei mir richtig. Denn ich weiß, wie man Bücher bindet. Ruf mich an! *Festnetznummer*	Dir gefällt die Welt der Rapper, und du würdest gerne einmal dazugehören. Nur weißt du nicht, wie man einen Rap schreibt oder wie man einen solchen Titel performt. Dafür gibt es ja mich. Denn ich habe es schon versucht – und es hat geklappt. Näheres unter *Festnetznummer*

Sichtbares Ergebnis eines solchen Tauschrings im Fach Deutsch ist eine Präsentation dessen, was die Schüler bei ihren Mitschulern in Auftrag gegeben oder von diesen gelernt haben. Noch wichtiger aber sind die unsichtbaren Effekte, die von einem solchen Projekt ausgehen. Wer bisher mit exzellenten Leistungen hervorgetreten ist, muss vielleicht zum ersten Mal einem Mitschüler den Vortritt lassen. Wer sich aber für einen geborenen Versager hält, kann sich endlich einmal in der Rolle des Kundigen und Wissenden erleben. Das fördert den Zusammenhalt innerhalb der Klasse, weil hier die angestammten Rollen neu verteilt werden und sich manche Stigmatisierung erledigt. Darüber hinaus kann der Tauschring dazu beitragen, die Kontakte innerhalb der Klasse neu aufzumischen: Da telefonieren Schüler miteinander, die bisher kaum ein Wort miteinander gewechselt haben. Da verabreden und besuchen sich junge Leute, die zwar eine gemeinsame Klasse besuchen, sich aber dennoch weitgehend fremd geblieben sind. Der Tauschring ist deshalb auch ein Beitrag zum sozialen Lernen. Und in einer inklusiven Klasse gerät dieses Lernen um einiges spannender als in jeder homogenen Lerngruppe.

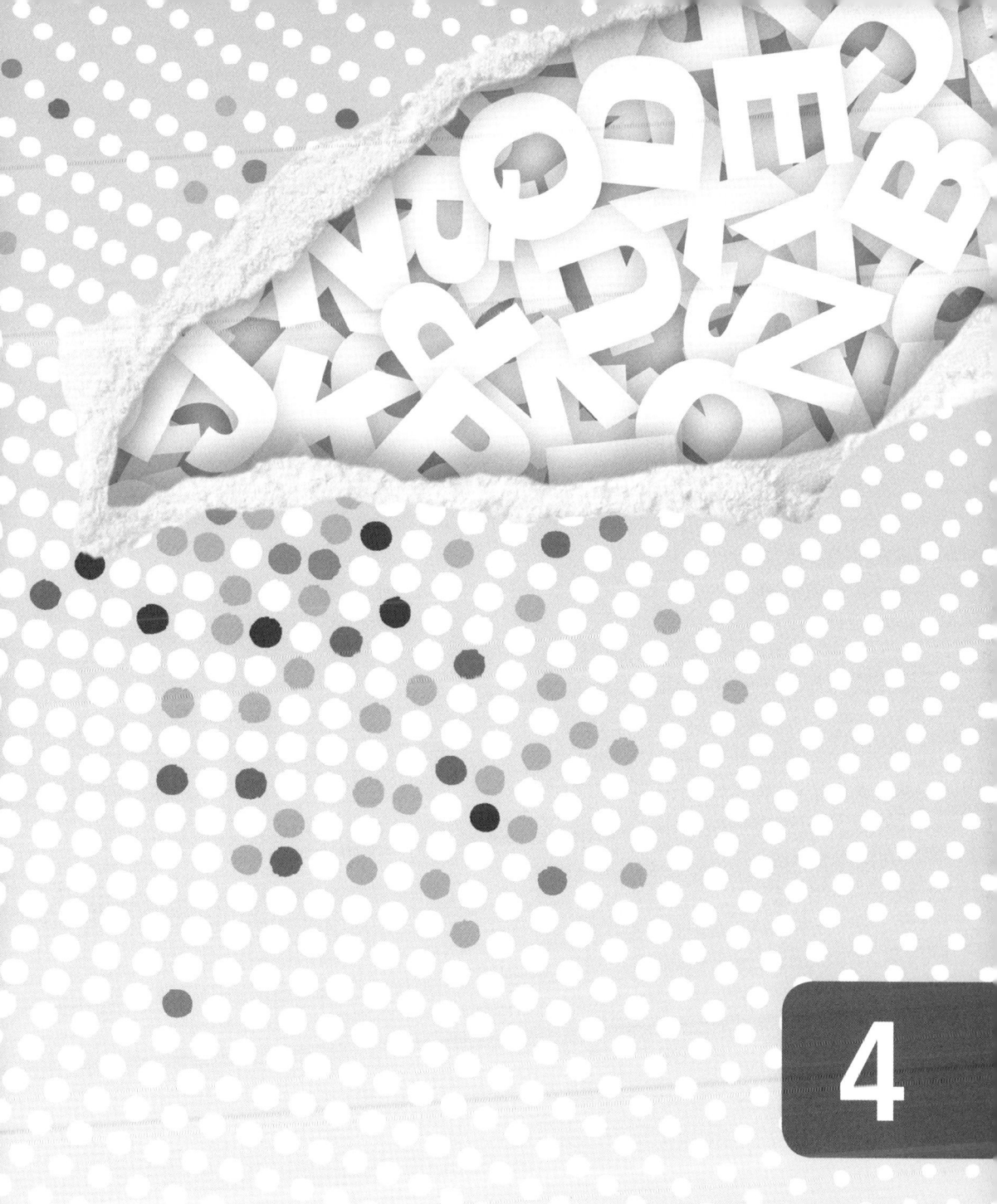

4

Lernen in unterschiedlichen Sozialformen

Die Kritiker einer pädagogischen Individualisierung sind sich einig: Sie befürchten, dass diese zwangsläufig zu einer Vereinzelung und Isolation der Schüler führen müsse. Deshalb werfen sie der inklusiven Schule vor, die Schüler zu selbstverliebten Lernnomaden zu erziehen und sie sozusagen von Amts wegen auf den Ego-Tripp zu schicken. Dazu baut sich in den Köpfen das Bild eines Klassenzimmers auf, in dem sich jeder Schüler in eine Ecke zurückgezogen hat, um sich hier in sein individuelles Arbeitsprogramm zu vertiefen – isoliert, entrückt und selbstbezogen. Die Skeptiker befürchten, dass unter solchen Vorzeichen Gemeinschaftserlebnisse nicht mehr möglich sind und dass die Schüler zu sozialen Analphabeten mutieren.

Eine Individualisierung des Lernens aber ist ohne Kommunikation und Austausch nicht möglich. Die Schüler müssen nicht nur die Möglichkeit haben, sich ganz individuell auf eine gestellte Aufgabe einzulassen und dafür eine gangbare Lösung zu finden. Genauso wichtig ist es nämlich, sich dabei von anderen helfen zu lassen, den Lösungsweg mit einem Partner abzustimmen oder das Ergebnis vor der ganzen Klasse vorzutragen. Das Klassenzimmer sollte deshalb beides bieten: Individuelle Rückzugsmöglichkeiten für die Einzelbeschäftigung und das Selbststudium – aber auch den großen Sitzkreis für Plenarvorträge und Gruppenaktivitäten. Der inklusive Unterricht ist, wie Wocken sagt, auf diesen „Spagat zwischen Großraumbüro und Filmtheater"[20] angewiesen, wenn die Balance zwischen individuellem Lernen und sozialer Erfahrung gelingen soll.

Deshalb variiert der inklusive Unterricht zwischen unterschiedlichen Sozialformen: Hier hat die Arbeit mit einem Partner ebenso ihre Berechtigung wie das gemeinsame Lernen in der Gruppe oder der Wettbewerb zwischen mehreren Teams. Hier sind soziale Erfahrungen möglich, die der Frontalunterricht bislang schuldig geblieben ist. Allerdings sollte ein Schüler immer erst die Möglichkeit haben, sich ganz alleine mit einem Problem auseinanderzusetzen – bevor er es gemeinsam mit anderen bearbeitet. Nur so können Sie sicherstellen, dass er sich nicht nur auf seine Mitschüler verlässt und dass die Arbeit im Team auch für ihn mit einer gewissen Anstrengung verbunden ist. Gute Teamarbeit kann nämlich keine Trittbrettfahrer gebrauchen.

VONEINANDER LERNEN

Nach der pädagogischen Tradition Skandinaviens sind es immer drei Lehrer, die die Entwicklung eines Schülers prägen: Da ist die Lehrkraft, die ihn berät, fördert und anleitet. Da ist eine Lernumgebung, die ihn anregt und herausfordert. Und da ist der Mitschüler, mit dem er sich austauscht und dem er etwas vermitteln oder sich etwas von ihm abschauen kann. In unseren pädagogischen Breiten aber wird die Bedeutung des Raums für das schulische Lernen ebenso unterschätzt wie die besondere Rolle des Mitschülers. Dabei hat schon Pestalozzi am Beispiel einer ländlichen Zwergschule beschrieben, wie hier der Mitschüler an die Stelle des Lehrers treten kann:

„Die Menge der Ungleichheit der Kinder erleichterte meinen Gang. So wie das ältere und fähigere Geschwister unter dem Auge der Mutter den kleineren Geschwistern leicht alles zeigt, was es kann, und sich froh und groß fühlt, wenn es also die Mutterstelle vertritt, so freuten sich meine Kinder, das, was sie konnten, die anderen zu lehren. Ihr Ehrgefühl erwachte, und sie lernten gedoppelt, indem sie selbst vormachten und andere nachsprechen machten. So hatte ich schnell unter meinen Kindern Gehülfen und Mitarbeiter, die (…) brauchbarer waren als angestellte Lehrer.“[21]

An dieser Beschreibung Pestalozzis beeindruckt neben dem Lob der Ungleichheit das Vertrauen in die Fähigkeit der Kinder, einander zu Lehrenden und Lernenden zu werden. Diese Fähigkeit können auch Sie nutzen, wenn Sie es mit einer heterogenen Lerngruppe zu tun haben. Hier wird das Leistungs- und Wissensgefälle zu einer Ressource, auf die Sie immer wieder zurückgreifen können. Die folgenden Methoden sollen Ihnen dabei helfen:

Innenkreis – Außenkreis

Bei dieser Methode handelt es sich um einen Klassiker des kooperativen Lernens. Das kann auch daran liegen, dass sich der Aufwand hier denkbar gering halten lässt und dass diese Methode auf fast alle Themen, Inhalte und Fächer angewendet werden kann. Wenn Ihre Klasse damit vertraut ist, können Sie das Wechselspiel von Innen- und Außenkreis immer wieder abrufen – und sich dabei umständliche Erklärungen und nervige Nachfragen sparen.

Dazu teilen Sie die Klasse in zwei gleich große Gruppen auf, die sich jeweils in Form eines Kreises aufstellen: Die Schüler, die sich zum Innenkreis zusammengefunden haben, schauen dabei nach außen – während die Blicke des Außenkreises nach innen gerichtet sind. Die Schüler stehen so, dass jeder Schüler im Außenkreis einen Partner im Innenkreis hat.

Sie geben den Schülern ein Thema vor und signalisieren mit dem Gong oder der Klangschale, dass sich die beiden Partner von jetzt ab über dieses Thema austauschen sollen: Sie können dabei nach geeigneten Beispielen suchen, ihren Kenntnisstand miteinander abgleichen oder den besten Lösungsweg diskutieren.

Mit einem vereinbarten Signal beenden Sie diesen Austausch, und die Schüler des Außenkreises rücken eine oder mehrere Positionen weiter – sodass es jeder Schüler mit einem neuen Partner zu tun hat. Auch die neuen Partner erörtern die Themenfrage oder tauschen sich über einen Lerngegenstand aus. Dabei sollen sie jeweils auf die Ergebnisse der vorangegangenen Gespräche zurückgreifen. Das setzt sich fort, bis sich die Schüler einen ersten Eindruck vom Thema der Stunde verschaffen konnten.

Diese Methode eignet sich für den inklusiven Unterricht, weil sich hier jeder Schüler im Rahmen seiner besonderen Möglichkeiten einbringen kann. So kann man sowohl durch das Vermitteln als auch durch die Aufnahme von Informationen lernen. Auf diese Weise findet hier ein wechselseitiges Geben und Nehmen statt, können sich beide Seiten durch Fragen und Antworten ihrem Gegenstand annähern.

Ein Beispiel für die Unterrichtspraxis:
MÄNNERSPRACHE – FRAUENSPRACHE

Den Prinzipien der „gender studies" sollten sich alle Schulfächer verpflichtet fühlen. In besonderem Maße ist hier der Deutschunterricht gefordert. Denn die meisten der dort vermittelten Inhalte lassen sich unter geschlechtsspezifischen Aspekten untersuchen. So kann im Rahmen des Deutschunterrichts erörtert werden,

- ➜ wie der Geschlechterdiskurs in den unterschiedlichen Epochen der Literaturgeschichte aufbereitet wird.
- ➜ wie es sich mit dem grammatikalischen Geschlecht bei den so genannten „Archilexemen" verhält.
- ➜ welches Frauen- und welches Männerbild in der Werbung vorherrscht.
- ➜ wie sich das Leseverhalten und die Mediennutzung von Jungen und Mädchen unterscheiden.

Ein weiteres dankbares Feld für eine Genderanalyse ist das Gesprächsverhalten innerhalb und außerhalb der Schule. So lassen sich schon Schüler der Unterstufe dafür sensibilisieren, in welchem Umfang und mit welcher Zielsetzung sich Jungen und Mädchen jeweils in das Unterrichtsgespräch einbringen – und welche Unterschiede hierbei festzustellen sind. Dabei könnte den Schülern z.B. auffallen, dass sich ein Mädchen doppelt so oft melden muss wie ein Junge, um überhaupt aufgerufen zu werden.

In den höheren Klassen dürfte es dann eher um die Qualität des Gesprächsverhaltens gehen – und um Redeanlässe und Diskursarrangements außerhalb des Unterrichts. Immerhin engagieren sich die Schüler der höheren Klassen teilweise auch in der außerschulischen Jugendarbeit, können sie Erfahrungen aus anderen Milieus und Kulturen beisteuern. Mit der Methode Innenkreis – Außenkreis kann abgerufen werden, wie gut die Schüler das Gesprächsverhalten von Männern und Frauen beobachten und welche Unterschiede ihnen dazu auffallen. Die Anweisung an die Schüler könnte deshalb lauten:

Männersprache – Frauensprache

Tauschen Sie sich darüber aus, wodurch sich das Gesprächsverhalten von Männern und Frauen unterscheidet. Denken Sie dabei an ganz unterschiedliche Diskussionen, wie sie im Unterricht, aber auch auf Freizeiten, im Jugendklub oder unter Freunden stattfinden. Dazu legen Sie im Gespräch mit Ihrem Partner Verhaltensweisen an den Tag, wie sie typisch für die Debattenbeiträge von Männern oder Frauen sind. Und auch Ihr Partner bedient sich eines Gesprächsverhaltens, wie es für Menschen seines Geschlechts typisch ist. Gemeinsam erraten Sie dann, um welche Aussagen/Formulierungen es dabei im Besonderen gegangen sein dürfte.

Dann rückt der Partner im Außenkreis um eine Position nach rechts – und der im Innenkreis um eine Position nach links. Damit haben Sie einen neuen Partner, mit dem Sie sich austauschen können. Und wieder bedienen Sie sich eines Gesprächsverhaltens, das sich als typisch männlich bzw. als typisch weiblich identifizieren lässt. Wiederum übernimmt auch Ihr Partner Verhaltensweisen, wie sie sich bei Angehörigen seines Geschlechts auffallend oft beobachten lassen.

Das geht so lange, bis sich beide Kreise aufgelöst haben.

Der besondere Clou besteht in diesem Fall sicherlich darin, dass hier in den Austausch von Innen- und Außenkreis jeweils kleine Rollenspiele eingelagert sind. Damit lassen sich auch Schüler ansprechen, die einer abstrakten Erörterung geschlechtsspezifischer Diskursstrategien nichts abgewinnen können. Und mancher Schüler, von dem im Unterrichtsgespräch nur wenig zu erwarten ist, blüht förmlich auf, wenn er hier einmal den Mario Barth geben darf.

Anschließend wird in der Klasse analysiert und systematisiert, was die Rollendiskurse im Innen- und Außenkreis ergeben haben. Das Ergebnis solcher Überlegungen könnte die folgende Aufstellung sein:

Hat Mario Barth vielleicht doch Recht?

Wie sich das Gesprächsverhalten von Männern und Frauen unterscheidet.

Typische Verhaltensweisen in Gesprächssituationen	Beispielhafte Äußerungen
Männer übernehmen häufiger den Einstieg in ein Gespräch.	„Wir sollen uns jetzt also über irgendein Thema unterhalten."
Männer schlüpfen unaufgefordert in die Rolle des Gesprächsleiters.	„Ich glaube, wir verzetteln uns jetzt in Nebensächlichkeiten."
Männer neigen zu subjektiven Urteilen und Bewertungen.	„Das ist jetzt aber wirklich Quatsch!"
Frauen pflegen, die Gültigkeit ihrer Aussagen umgehend wieder einzuschränken.	„Mir kommt das so vor – auch wenn ich auf diesem Gebiet sicherlich keine Expertin bin."
Frauen überlassen die letzte Entscheidung gerne dem Gesprächspartner.	„Ich würde mich freuen, wenn du mir so weit folgen könntest."
Frauen glauben oft, sich für ihre Äußerungen entschuldigen zu müssen.	„Genau kann ich das auch nicht sagen. Es war eben nur so eine Idee von mir."
Frauen bemühen sich darum, die Zustimmung ihres Gesprächspartners zu erheischen.	„Das ist doch so. Oder etwa nicht?"
Frauen tendieren dazu, ihre Aussagen jeweils in Form einer Frage vorzutragen.	„Könnte das nicht auch ganz andere Gründe haben?"
Frauen greifen oft auf unpersönliche Aussagen zurück.	„Das sollte man aber nicht so eng sehen."
Männer signalisieren oft das Ende eines Gesprächs.	„Damit dürften wir das Thema erschöpfend behandelt haben."

Fortsetzung ▶▶

Smalltalk

Gegensätze ziehen sich an – und sie haben sich eine Menge zu erzählen! Deshalb eignet sich die Methode des **Smalltalk** besonders gut für heterogen zusammengesetzte Lerngruppen. Hier sollen die Schüler von ihren eigenen Erfahrungen und Erlebnissen berichten und sich gleichzeitig in der Kunst des Erzählens üben.

Dazu wird jedem Schüler ein Partner zugelost. Die beiden Partner erhalten ein Arbeitsblatt und ziehen sich damit zurück. Auf dem Arbeitsblatt sind unterschiedliche Überschriften aufgelistet, zu denen den Schülern das eine oder andere Erlebnis aus ihrer noch jungen Biografie einfallen könnte. Jeder Partner kreuzt an, zu welchem Thema er eine passende Geschichte beizutragen hat. Voraussetzung ist natürlich, dass er diese Geschichte auch erzählen will. Hier soll sich niemand outen, der das nicht möchte.

Dann werden die Arbeitsblätter getauscht, und der erste Partner beginnt: Er nennt eine Überschrift, die sein Tandempartner angekreuzt hat und die ihn besonders interessiert. Dann lässt er sich von ihm das entsprechende Erlebnis erzählen. Hat der Partner sein biografisches Spotlight beendet, kann nun auch er eine Überschrift aus dem Repertoire seines Gegenübers abrufen. Dieses Wechselspiel geht so weiter, bis das Kommando des Lehrers den Smalltalk beendet.

Diese Methode entwickelt ihren besonderen Reiz, wenn beide Partner über unterschiedliche erzählerische Mittel verfügen: Der geübte Erzähler wird seine Geschichte dramaturgisch aufbauen, wird die Handlung psychologisch ausdeuten und das Geschehene reflektieren. Sein vielleicht etwas naives Gegenüber wird diese Vorzüge durch Anschaulichkeit und Spontaneität wettzumachen wissen. So treffen hier nicht nur zwei Schüler, sondern auch zwei Erzählhaltungen aufeinander. Und davon können beide nur profitieren.

Ein Beispiel aus der Unterrichtspraxis:
LEBENSHILFE DURCH JUGENDZEITSCHRIFTEN

Jugendzeitschriften, wie die BRAVO oder „Mädchen", dürfen im Deutschunterricht nicht ignoriert werden. Schließlich verbindet sich für manche Schüler damit der einzige Zugang zum gedruckten Wort. So gibt es in jeder Klasse Jungen oder Mädchen, die keine Bücher und keine Tageszeitung lesen – die aber jeden Donnerstag mit der BRAVO unterm Arm zum Unterricht erscheinen. Aufgabe des Unterrichts kann es nicht sein, solche Zeitschriften wie in den 1950er-Jahren als „Schund und Schmutz" zu verdammen und ihre Lektüre als Teufelswerk zu brandmarken. Aber die Schüler sollen Gelegenheit haben, eine kritische Distanz zu den Jugendzeitschriften und zu ihrem Anspruch als Ratgeber in allen Lebenslagen aufzubauen.

Smalltalk:
Das Doktor-Sommer-Team und seine Geschichten

Jahrelang antwortete ein gewisser Dr. Sommer in der BRAVO auf die Sorgen und Nöte junger Leute. Bis sich eines Tages herausstellte: Dieser Dr. Sommer heißt eigentlich Martin Goldstein. Und der hatte im Alter seiner jugendlichen Leser ganz andere Sorgen, als sich mit Pickeln und Juckreiz zu beschäftigen. Weil er nämlich einen jüdischen Vater hatte, wurde er von den Nazis ins Lager gesteckt.
Inzwischen beantwortet ein „Doktor-Sommer-Team" die zahlreichen und meist sich wiederholenden Anfragen.
Uns interessiert jetzt: Wieviel haben die Briefe an das Doktor-Sommer-Team mit dem wahren Leben zu tun?

Dazu bilden jeweils zwei Partner ein Team. Jeder kreuzt auf diesem Blatt alle Überschriften an, zu denen er ein Erlebnis erzählen könnte – und das auch möchte. Dann werden die Blätter getauscht. Und ihr sucht euch ein Thema aus, zu dem ihr von eurem Gegenüber eine Geschichte hören wollt.

Jetzt kann erzählt werden! Und anschließend werden die Rollen getauscht – sodass immer einer erzählt und einer zuhört.

Solche Überschriften finden sich auf den Ratgeberseiten der BRAVO	Dazu habe ich auch einmal etwas erlebt
„Immer Ärger mit den Jungs"	
„Meine Eltern zoffen sich nur"	
„In der Schule flirten"	
„Ob ich wirklich so launisch bin?"	
„Meine Freunde fehlen mir"	

Fortsetzung ▶▶

„Mein Bruder ist computersüchtig"	
„Wie es in einer Patchwork-Familie so läuft"	
„Ich bin zu dick"	
„Ohne Eltern reisen"	
„Sechs Dinge, die du nicht für dich behalten solltest"	
„Mein kleiner Bruder geht mir voll auf die Nerven"	
„An der Schule gar keine Freunde"	
„Ärger mit der Mutter"	
„Meine beste Freundin ist total eifersüchtig"	
„Sie unterstellen mir, dass ich rauche"	
„Hilfe! Ein Brief vom Lehrer"	
„Ich kann nicht aufhören, zu tratschen"	
„Soll ich mich raushalten oder einmischen?"	

22

In eine voyeuristische Seelenschau kann dieser Smalltalk nicht ausarten. Denn hier erzählt jeder von sich nur das, was er auch erzählen möchte. Im anschließenden Unterrichtsgespräch wird dann überprüft, wie realistisch die in der BRAVO aufbereiteten Fälle tatsächlich sind – und welche Hilfestellung dabei von einer Jugendzeitschrift zu erwarten ist.

Gruppen-Mindmap

Das schulische Lernen ist eine Kopfgeburt. Damit kommt der Unterricht denjenigen Schülern entgegen, die ihre Stärken eher im kognitiven Bereich haben. Alle visuellen, auditiven oder motorischen Ressourcen dagegen bleiben weitgehend ungenutzt. Dabei wäre die Schule gut beraten, dieses Potenzial nicht länger zu vernachlässigen.

Mit der **Gruppen-Mindmap** werden die visuellen und die kognitiven Kompetenzen der Schüler in gleicher Weise abgerufen.

Vorbild dieser Methode ist die Mindmap – eine Gedächtnislandkarte, mit der sich die abstrakte Struktur eines Gegenstandes veranschaulichen lässt. Ausgehend von einem begrifflichen Zentrum wird hier die Ordnung bestimmter Inhalte durch ein System von Stämmen, Ästen und Zweigen abgebildet. Diese wiederum werden durch entsprechende Knoten kenntlich gemacht. Damit entsteht ein optischer Gesamteindruck, der sich leicht merken und immer wieder abrufen lässt. Diese Struktur der Darstellung liegt auch der Gruppen-Mindmap zu Grunde – nur dass hier die Zuordnung der einzelnen Elemente von der gesamten Gruppe geleistet wird. Dafür bieten sich zwei Möglichkeiten an:

1. Die Gruppe erhält eine bestimmte Anzahl von Elementen und überlegt dann, wie diese zu systematisieren sind und welche Darstellungsform dafür in Frage kommt.

2. Vorgegeben sind nicht nur die zu verteilenden Begriffe und Gegenstände, sondern auch die Äste und Stämme – mit all ihren Abhängigkeiten und Verzweigungen.

In der Praxis hat sich die zweite Variante durchgesetzt, weil es sich die Schüler sonst zu leicht machen könnten. Sollen sie z.B. die wichtigsten Texte Goethes in Form einer Gruppen-Mindmap darstellen, so dürften ihnen dafür drei Äste reichen. Sie werden die Texte den Gattungen Drama, Prosa und Lyrik zuordnen und die gestellte Aufgabe deshalb in kürzester Zeit bearbeitet haben, ohne sich dafür besonders anstrengen zu müssen.

Solche Bequemlichkeiten bietet die zweite Version der Gruppen-Mindmap nicht. Denn hier kann den Schülern ein komplexes visuelles System vorgegeben werden, das für sie eine wirkliche Herausforderung darstellt. Dazu erhält die Gruppe zunächst eine bestimmte Anzahl von Kärtchen, auf denen die zu verteilenden Namen, Begriffe und Gegenstände aufgedruckt sind. Gleichzeitig werden an die einzelnen Gruppen unbeschriftete Lernlandkarten verteilt – groß genug, dass die ganze Gruppe an ihnen arbeiten kann. In der Gruppe werden dann die einzelnen Kärtchen vorgelesen und auf der Mindmap an entsprechender Stelle platziert. Ist die Gruppe sich abschließend ihrer Zuordnung ganz sicher, können die Kärtchen aufgeklebt werden. Die unterschiedlichen Mindmaps können dann im Klassenzimmer aufgehängt und miteinander verglichen werden.

Die Gruppen-Mindmap ist wie geschaffen für den inklusiven Unterricht, weil hier die Lösung über ein ausführliches Planungsgespräch gefunden werden muss. An diesem Gespräch aber können sich alle Schüler beteiligen. Dabei werden sich die einen stärker in die Grobstruktur der Gedächtnislandkarte einbringen, während sich die anderen eher den Filigranarbeiten widmen. Darüber hinaus kann sich hier jedes Mitglied der Gruppe für ein gutes Gesamtergebnis engagieren – und das immer im Rahmen seiner Möglichkeiten: Da gilt es, die Kärtchen zu verlesen, eine Grobsortierung vorzunehmen und zusätzliche Zweige einzufügen. Da muss das Ergebnis fixiert werden, können einzelne Platzierungen aber auch durch grafische Symbole ersetzt werden. Dadurch sind wirklich alle gefordert.

Ein Beispiel aus der Unterrichtspraxis:
TAXONOMIE DER VERBEN

Der grammatikalische Status eines Verbs bereitet unseren Schülern einige Mühe: Einige haben genug damit zu tun, das Verb von anderen Wortarten, wie dem Nomen oder dem Adjektiv, zu unterscheiden. Andere können sich bereits zutrauen, Hilfsverb, Modalverb und Vollverb voneinander abzugrenzen. Wieder andere fühlen sich im Stande, starke und schwache Verben schon an der Form des Infinitivs zu erkennen. Sie alle können mitmachen, wenn eine Mindmap zur Taxonomie der Verben erstellt werden soll:

Grammatikalische Mengenlehre

Ihr findet hier 30 Wörter, die ihr auf der beiliegenden Gedächtnislandkarte richtig platzieren sollt. Klebt dazu die Wörterkärtchen auf die passenden Stämme, Äste und Zweige. Plant genau, und stimmt euch ab. Bevor es ans Aufkleben geht, solltet ihr euch über die Position der einzelnen Kärtchen absolut sicher sein.
Beschriftet die Knoten so, dass klarwird, was bestimmte Wörter miteinander verbindet.
Tipp: Eine besondere Rolle spielen hier die Verben!

lustig	können	schlafen
dürfen	Trauer	haben
Bad	kochen	tief

Fortsetzung ▶▶

spielen	mögen	geben
sein	Ziel	lachen
Freude	sauer	sollen
singen	werden	vertrauen
blond	weich	sagen
müssen	träumen	wollen
fahren	bleiben	Sicht

Und so sieht die Landkarte aus:

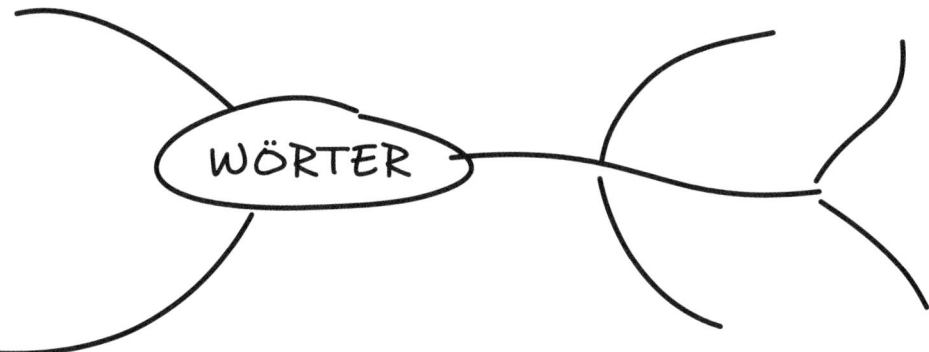

Wenn die Gruppe ihre Arbeit klug angeht, wird sie zunächst die Nomina und Adjekti-
ve isolieren und auf den beiden freistehenden Stämmen platzieren. Die verbleibenden
Verben werden dann den Ästen „Vollverb", „Modalverb" und „Hilfsverb" zugeordnet.
Die Vollverben verjüngen sich schließlich zu den Zweigen „stark" und „schwach".
Wenn sich die Gruppe darauf verständigt hat, dürfte keine Karte mehr übrig bleiben.
Dann erst können die Knoten beschriftet und die Karten endgültig aufgeklebt werden.

Lerntandem

Nur wenige Ihrer Schüler werden bisher auf einem Tandem gesessen haben. Aber sie
alle können sich vorstellen, wie ein solches Gefährt funktioniert: Um wirklich voran-
zukommen, müssen beide Partner in die Pedale treten. Dabei sollte sich jeder so engagieren, wie es seine Kondition und sein Können erlauben: Wer öfter auf einem

Tandem unterwegs ist und wer viel Muskelkraft beisteuern kann – der wird sich hier stärker einbringen als sein ungeübter und wenig belastbarer Partner. Ähnlich wie das Vorbild aus der Welt des Freizeitsports arbeitet auch ein Lerntandem: Hier tun sich jeweils zwei Schüler zusammen – und zwar so, dass sie gemeinsam vorankommen, von dieser Teamleistung also beide profitieren. Dabei werden ihnen jeweils Aufgaben gestellt, bei denen ein Partner den aktiven und der andere den passiven Part übernimmt. Man könnte auch sagen: Der eine gibt den Tutor, und der andere ist sein Tutand. Anders als bei der klassischen Partnerarbeit arbeiten beide nicht gemeinsam an einer Lösung, sondern die Aufgaben wechseln hin und her. Da stellt der eine Partner Fragen – und der andere muss sie beantworten. Da entwickelt der eine einen Lösungsweg – und der andere muss diesen kommentieren. Da beschäftigt sich der eine mit seiner Vokabelkartei – und der andere fragt ihn dabei ab. Um im Bild zu bleiben: Auch bei einem Lerntandem sitzt immer einer vorne – nur dass die Plätze regelmäßig getauscht werden.

Bei der Zusammenstellung solcher Lerntandems sind zwei Grundsatzfragen zu klären. Sie als Lehrkraft müssen nämlich entscheiden,

➡ ob die einzelnen Tandems spontan gebildet werden sollen oder ob die Zusammensetzung für einen längeren Zeitraum stabil bleiben soll.

➡ ob die Schüler ihren Tandempartner frei wählen können, ob die Teams ausgelost werden sollen oder ob Sie selbst entscheiden, wer künftig mit wem zusammenarbeitet.

Im inklusiven Unterricht macht es Sinn, wenn die einzelnen Tandems ausreichend Zeit haben, um sich aufeinander einzustellen, sich an den ständigen Rollenwechsel zu gewöhnen und sich über ihre Erfahrungen mit der Teamarbeit auszutauschen. Ebenso sollte die Zusammensetzung der einzelnen Tandems in der Verantwortung des Lehrers liegen: Er kennt seine Schüler und weiß am besten, in welcher Konstellation diese möglichst viel voneinander lernen. Allerdings muss dabei der Eindruck vermieden werden, dass jeweils ein leistungsstarker Schüler zusammen mit einem lernschwachen auf den Sattel gehoben wird. Viel eher gewährleisten komplementäre Interessen, Temperamente oder Persönlichkeiten ein gutes Team: Da tut es der schüchternen Sezen gut, dass sie mit der nassforschen Sabrina zusammenarbeitet. Und der nachdenkliche Johannes könnte mit dem praktisch veranlagten Tobias ein ideales Tandem bilden.

Im Deutschunterricht bietet es sich an, dass jedem Tandem unterschiedliche Texte vorgelegt werden, die dann von den Schülern gelesen, kommentiert, bearbeitet oder umgeschrieben werden müssen. Denn mit der Entscheidung für einen bestimmten

Text trifft jeder Tandempartner auch eine Entscheidung über den Schwierigkeitsgrad der von ihm zu bearbeitenden Aufgaben.

Ein Beispiel aus der Unterrichtspraxis:
DAS GEDICHT – VON DER LEKTÜRE ZUM VORTRAG

Im Alltag von Kindern und jungen Leuten spielen Gedichte heute kaum noch eine Rolle. So fehlt es an Anlässen, um sich mittels eines Gedichts mitzuteilen oder einen lyrischen Text für sich sprechen zu lassen. Die Poesiealben früherer Generationen sind aus den Klassenzimmern verschwunden, und erst recht käme ein junger Mann heute wohl kaum auf die Idee, seine große Liebe mit einem lyrischen Erstversuch für sich gewinnen zu wollen.

Wichtiger als alle Feinheiten der Gedichtinterpretation wäre deshalb der Versuch, den Schülern einen ersten Zugang zu einem bisher völlig fremden Terrain zu eröffnen. Über die sinnlichen Erfahrungen des Sprechens und Hörens könnte Ihnen ein solcher Zugang gelingen. Auf der Suche nach der richtigen Betonung, dem passenden Rhythmus oder den notwendigen Pausen erschließt sich Ihren Schülern die literarische Qualität vielleicht eher als durch jeden Versuch, das Geheimnis der lyrischen Sprache zu decodieren und dazu auf die gängigen Termini und Techniken der Gedichtinterpretation zurückzugreifen.

22

ALLES UNSINN – ODER WAS?
Komische Gedichte im Tandem

Manche Gedichte machen keinen Sinn. Und das scheinen die Dichter auch so beabsichtigt zu haben. Wenn diese Gedichte aber laut vorgetragen werden, klingen sie plötzlich gar nicht mehr so unsinnig – sondern eher komisch. Zumindest haben die Hörer dann eine Vorstellung davon, worum es in diesen Gedichten gehen könnte.
Mit dem Lesen solcher Texte allein wäre das wohl kaum möglich.

Ihr habt die Aufgabe, euch zwei ganz und gar unsinnige Gedichte vorzunehmen – und sie später euren Mitschülern so vorzutragen, dass ihnen das

Fortsetzung

Zuhören Spaß macht. Vielleicht merken sie dann auch, mit welchen Tricks die Dichter hier gearbeitet haben.

Das ist der Text des einen Tandempartners:

Ibich habibebi dibich,
Lobittebi, sobi liebib.
Habist aubich dubi mibich
Liebib? Neibin, vebirgibib.

Nabih obidebir febirn,
Gobitt seibi dibir gubit.
Meibin Hebirz habit gebirn
Abin dibir gebirubiht.

Joachim Ringelnatz: Gedicht in Bi-Sprache[23]

Und das sind seine Aufgaben:

1. Lies dir diesen Text in Stillarbeit gründlich durch.

2. Lies den Text ein zweites Mal durch – und bewege dabei deine Lippen.

3. Suche dir eine besonders charakteristische Zeile, und trage sie deinem Tandempartner vor. Was fällt ihm dazu ein?

4. Die Sprache des Gedichts hört sich an wie eine Geheimsprache. Versuche, das Geheimnis dieser Sprache herauszubekommen. Lasse dir dabei von deinem Tandempartner helfen.

5. Versuche, das Gedicht aus der Geheimsprache ins Deutsche zu „übersetzen" – und trage das Ergebnis deinem Partner vor.

6. Führe mit deinem Partner ein Gespräch in der Bi-Sprache.

7. Präge dir den Wortlaut des Gedichts ein. Überlegt zusammen, mit welchen „Eselbrücken" man dabei arbeiten könnte.

8. Trage deinem Partner das gesamte Gedicht vor, und lasse dir von ihm sagen, wie du deinen Vortrag noch weiter verbessern kannst.

Fortsetzung

Das ist der Text des anderen Tandempartners:

Kroklokwafzi? Sememmi!
Seiokrontro – prafriplo:
Bifzi, bafzi; hulalemi:
Quasti basti bo …
Lalu lalu lalu lalu la!

Hontraruru miromente
zasku zes rü rü?
Entepente, leiolente
klekwapufzi lü?
Lalu lalu lalu lalu la!

Simarar kos malzipempu
silzuzankunkrei (;)!
Marjomar dos: Quempu Lempu
Siri Suri Sei ( )!
Lalu lalu lalu lalu la!

Christian Morgenstern: Das große Lalula[24]

Und das sind seine Aufgaben:

1. Lies dir den Text in Stillarbeit gründlich durch.

2. Lies deinem Tandempartner das Gedicht vor – sodass er darin einen Sinn erkennen kann.

3. Schreibe die Zeilen auf, in denen du einen Binnenreim ausfindig gemacht hast.

4. Lerne eine Strophe auswendig, und trage sie deinem Tandempartner vor.

5. Suche diejenigen Wörter heraus, die auch als Produktnamen in Frage kämen – und überlege mit deinem Tandempartner zusammen, welches Produkt sich unter diesem Namen gut verkaufen würde.

6. Sprich deinem Tandempartner einzelne Wörter des Gedichts vor, und lasse ihn raten, um welche Sprache es sich hier handeln könnte.

Fortsetzung ▶▶

7. Übertrage die erste Strophe ins Deutsche, indem du jedes Wort ersetzt – ohne die Satzzeichen zu verändern. So könnte die Strophe doch noch einen Sinn bekommen.

8. Versuche, im Internet herauszubekommen, was man unter „Konkreter Poesie" versteht – und entscheide dann, ob das Gedicht zu dieser lyrischen Spielart gehören könnte.

Die beiden Textbeispiele sind so gewählt, dass hier die Schüler in unterschiedlicher Weise gefordert sind: Während es bei Ringelnatz nur eines leicht zu durchschauenden Tricks bedarf, um den Text zu entschlüsseln – bleibt das Gedicht Morgensterns bis zum Schluss undurchsichtig und rätselhaft. Deshalb kann davon ausgegangen werden, dass sich innerhalb eines Tandems der leistungsschwächere Schüler für das erste und sein leistungsstärkerer Partner für das zweite Gedicht entscheiden wird.

Darüber hinaus unterscheiden sich auch die damit verbundenen Arbeitsaufträge hinsichtlich ihres Schwierigkeitsgrades. Dennoch sind sie so gestellt, dass jeweils auch der Tandempartner beteiligt wird: als Zuschauer und Kritiker, als Kontrolleur und Testperson. Deshalb dürfte kaum auffallen, dass sich innerhalb des Lerntandems ein Leistungsgefälle abbildet. Und damit können beide Schüler mit dieser Konstruktion gut leben.

Arbeitsteilig lernen

Mit dem Einsatz kooperativer Arbeitsformen steigt auch die Motivation der Schüler: Es macht einfach mehr Spaß, mit seinen Mitschülern die Köpfe zusammenzustecken, als sich dem einschläfernden Singsang des Lehrervortrags auszuliefern. Diese Motivation ist es auch, die so manchen Skeptiker vom Nutzen des kooperativen Lernens überzeugt.

Allerdings droht die anfängliche Motivation in Langeweile und Verweigerung umzuschlagen, wenn die einzelnen Teams die Ergebnisse vor der ganzen Klasse vortragen sollen. Hier rächt es sich nämlich, wenn alle dieselbe Aufgabe zu bearbeiten hatten und deshalb zu ähnlichen Lösungen gekommen sind. Auch die gutwilligsten Schüler dürften sich abmelden, wenn ihnen ein Ergebnis präsentiert werden soll, das sie längst kennen und das ihnen deshalb keinerlei Neugierde mehr zu entlocken vermag.

Dauerhafter Erfolg ist deshalb nur garantiert, wenn den einzelnen Tandems und Gruppen unterschiedliche Aufgaben gestellt werden – wenn das kooperative Lernen also arbeitsteilig organisiert wird. Die Schüler werden dann die Vorstellung der Arbeitsergebnisse mit Interesse verfolgen, werden Rückfragen stellen, Ergänzungen anmelden und Korrekturen einfordern. Denn mit jeder Gruppe präsentiert sich ihnen ein ganz neues Thema.

Vor allem heterogen zusammengesetzte Klassen profitieren davon, wenn alle Gruppen mit ganz unterschiedlichen Aufgaben beschäftigt sind. Denn hier wird die Vergleichbarkeit der Ergebnisse auf den Kopf gestellt: Wenn sich die einzelnen Gruppen mit Fabeln, Rätseln, Witzen, Anekdoten, Gleichnissen oder Kalendergeschichten beschäftigen, lässt sich abschließend nicht entscheiden, wer seine Sache besser oder schlechter gemacht hat. Die Resultate sind nicht vergleichbar, weil ihnen ein gemeinsamer Maßstab fehlt. Es gibt dann auch in der Wahrnehmung der Schüler keine besseren und keine schlechteren Teams mehr. Außerdem kann sich in einem arbeitsteilig organisierten Unterricht jeder Schüler mit seinen besonderen Stärken einbringen – ob er nun ein fixer Denker, ein kreativer Kopf, ein guter Organisator oder ein begabter Praktiker ist. Am Schluss steht immer das Ergebnis der gemeinsamen Arbeit. Und an dem lässt sich nicht ablesen, wer sich in welchem Umfang eingebracht hat.

Der Eindruck der Mehrarbeit mag einen abschrecken, wenn für alle Teams unterschiedliche Aufgaben entworfen werden müssen. Aber dieser Eindruck ist anhand konkreter Unterrichtsbeispiele bald entkräftet: So beschränkt sich die vermeintliche Mehrarbeit bei den **Eckenstehern** (S. 124) darauf, unterschiedliche Gesprächsgruppen anzubieten und dafür eingängige Symbole zu finden. Und bei den **Textdetektiven** (S. 136) sind es die einzelnen Teams selbst, die hier die Aufgaben formulieren und damit ihre Mitschüler herausfordern. Die befürchtete Mehrarbeit ist deshalb nicht unbedingt ein Argument gegen den arbeitsteiligen Unterricht.

Eckensteher

Für die Schulen des Wilhelminischen Zeitalters war es selbstverständlich, dass sich hier die Sitzordnung nach den Zensuren der Schüler richtete: Die Musterschüler durften in der erste Reihe Platz nehmen, während die angeblichen Faulpelze und vermeintlichen Versager auf die letzte Bank verbannt wurden. Heute wäre eine solche Praxis völlig undenkbar – und in heterogen zusammengesetzten Klassen wäre sie eine Katastrophe! Jeder Versuch, Schüler nach ihrem Leistungsvermögen zu sortieren, widerspricht der Kernbotschaft des inklusiven Lernens. Denn so hätten die Schüler keine Chance, miteinander und voneinander zu lernen.

Dass es zu einer Sortierung und Gruppenbildung im Klassenzimmer kommt, ist aber nichts Verwerfliches – wenn sich die Schüler z.B. nach ihren Neigungen und Interessen zusammenfinden. Und genau das ist bei den **Eckenstehern** der Fall. Hier finden die Schüler in den Ecken des Klassenzimmers unterschiedliche Namen, Begriffe oder Symbole vor. Dabei müssen Sie sich nicht sklavisch an die Geometrie des Klassenzimmers halten: Wenn Sie von sechs Gruppen ausgehen, dann müssen eben zwei zusätzliche „Ecken" ausgewiesen werden.

Auf Ihr Kommando hin begeben sich die Schüler in die unterschiedlichen Ecken – weil sie sich von einem Begriff oder Symbol besonders angesprochen fühlen. Hier haben sich die spontan gebildeten Gruppen über ihr gemeinsames Interesse auszutauschen oder einen konkreten Arbeitsauftrag auszuführen.

Bei den Eckenstehern handelt es sich um eine Methode, die sich für eine erste Annäherung an ein Thema eignet – die dann aber durch strukturiertere Formen der Gruppenarbeit abgelöst werden sollte. Deshalb bietet es sich an, die Eckensteher immer mit anderen Formen des kooperativen Lernens zu kombinieren und diese Methode zeitlich nicht allzu sehr auszudehnen.

Ein Beispiel aus der Unterrichtspraxis:
DIE RESSORTS DER TAGESZEITUNG

Vor allem durch die Konkurrenz des Fernsehens und verschiedener Internet-Angebote hat die Tageszeitung ihren Status als Leitmedium der Meinungsbildung längst eingebüßt. Und im Alltag junger Menschen spielt sie ohnehin keine Rolle mehr. Damit geht eine Qualität dieses Mediums verloren, die ihnen keine Nachrichtensendung und kein Online-Portal bietet: die übersichtliche Struktur der Inhalte und Themen, wie sie in der Tageszeitung in Form unterschiedlicher Ressorts immer noch die Regel ist. Hier stellt sich die Welt der Information nicht als ein bunt zusammengewürfeltes Panoptikum dar, sondern als ein verlässlich gegliedertes Nachrichtenangebot, in dem sich der Leser leicht zurechtfindet.

Der Deutschunterricht hat die Aufgabe, an diese besondere Qualität der Tageszeitung zu erinnern und deren Bedeutung als zusätzliche Informationsquelle zu unterstreichen. Dafür müssen die Schüler aber zunächst herausfinden, was es mit den Ressorts einer Tageszeitung auf sich hat und wie dieses Strukturprinzip funktioniert:

Die Ressorts der Tageszeitung

Jede Tageszeitung gliedert sich in unterschiedliche Ressorts. Unter einem Ressort versteht man ein bestimmtes Themengebiet, wie z.B. „Sport" oder „Politik". Wer sich vor allem für sportliche Ereignisse interessiert, schlägt in einer Tageszeitung das Ressort „Sport" auf – und erfährt hier alles für ihn Wissenswerte.

Teilt euch bitte innerhalb des Klassenzimmers auf die sechs markierten Plätze auf. An jedem Platz findet ihr jeweils eine Zeitungsseite, die auf ein bestimmtes Ressort verweist. Begebt euch an den entsprechenden Platz, wenn euch ein Ressort besonders interessiert.

Wenn alle Schüler verteilt sind, muss sich jede Gruppe fünf Überschriften ausdenken, die heute in diesem Ressort stehen könnten. Orientiert euch an dem, was ihr gestern in der „Tagesschau" gesehen oder was ihr im Internet mitbekommen habt. Denkt auch an das, was euch eure beste Freundin über Facebook™ gepostet oder was euch euer Banknachbar heute zugeflüstert hat. Teilt die Überschriften aus „eurem" Ressort anschließend der ganzen Klasse mit.

Politik	Wirtschaft	Lokales
Sport	Feuilleton	Aus aller Welt

Erfahrungsgemäß entscheidet sich jeder Schüler für das Ressort, das seinen individuellen Lektüreerfahrungen entspricht: Wer in seinem Leben noch nie einen Blick in eine Abonnementszeitung geworfen hat und sich ansonsten mit BILD zufrieden gibt – der wird sich wahrscheinlich zum „Sport" oder zu den Klatschnachrichten hingezogen fühlen. Wer aber mit der Tageszeitung und deren Ressortstruktur vertraut ist, der könnte der Politik oder gar dem Feuilleton den Vorzug geben. So findet sich schließlich jeder Schüler in der Ecke ein, die seinen Möglichkeiten am ehesten gerecht wird. Und das, ohne dass Sie als Lehrkraft eingreifen und die Schüler nach ihrem Leistungsvermögen taxieren müssten. Das übernehmen die schon ganz alleine.

Trotzdem kann es vorkommen, dass alle Schüler zum „Sport" drängen und die Ecke mit der Wirtschaftsseite keinen Zuspruch findet. In diesem Fall können Sie die Schüler in der Reihenfolge ihrer Hausnummern aufrufen und sie ein Ressort wählen lassen.

Ist in einer Ecke eine bestimmte Schüleranzahl erreicht, kann dieses Ressort dann nicht mehr gewählt werden.

Das Fließband

Dass alle Schüler das Gleiche lernen müssen und dass sie es gleich gut lernen sollen – das gehört zum Selbstverständnis einer exklusiven Pädagogik. Eine Schule aber, die sich auf die Besonderheiten der einzelnen Kinder einlässt, wird immer eine gewisse Spezialisierung zulassen: Da ist das Mädchen, das auch vor den kniffligsten Textaufgaben nicht kapituliert. Und da ist der Junge, dem immer die originellsten und witzigsten Formulierungen einfallen. Da ist der Haustechniker der Klasse, der immer für ein funktionstüchtiges Equipment sorgt. Und die souveräne Buchhalterin, die umsichtig über Klassenbuch und Klassenkasse waltet. Solche Spezialbegabungen und Spezialaufgaben fördern das Selbstbewusstsein. Denn auf der ureigensten Domäne schmeichelt einem der Beifall der anderen.

Gefährlich wird es nur, wenn aus dieser Spezialisierung eine Rollenfixierung wird, aus der die Schüler nicht mehr so leicht herausfinden. Wenn da z.B. der erwähnte „Haustechniker" auf diese eine Funktion reduziert wird, wenn sich sein Beitrag zum Klassenleben also darin erschöpft, regelmäßig den Videowagen durch die Gänge zu schieben und Beamer und Laptop miteinander zu verkabeln. Verlangt ist deshalb so etwas wie eine „Spezialisierung auf Zeit": Die Schüler müssen Gelegenheit haben, sich in eine Aufgabe so gut einzuarbeiten, dass Erfahrung und Routine zum Tragen kommen. Sie werden dann von den anderen nachgefragt, weil sie sich auf einem bestimmten Gebiet gut auskennen und weil sie hier tatsächlich auf ihre Leistung stolz sein können. Eine solche Spezialisierung auf Zeit bietet das **Fließband**.

Dabei verteilen sich die Schüler in Gruppen auf unterschiedliche Stationen, an denen sie jeweils mit einer Spezialaufgabe betraut werden. Dann werden immer neue Texte, Grafiken oder Werkstücke auf den Weg gebracht – wie bei einem Fließband eben. Jede Gruppe muss diese unter einem bestimmten Aspekt untersuchen oder bearbeiten und sie anschließend an die nächste Station weiterreichen. Am Schluss steht dann ein Gemeinschaftswerk, in das sich alle mit ihrem speziellen Wissen und Können eingebracht haben.

Ein Beispiel aus der Unterrichtspraxis:

DIE NACHKORREKTUR IN DIKTAT UND AUFSATZ

Viele Fehler unterlaufen unseren Schülern, weil sie sich im Eifer des Gefechts nicht um Rechtschreibung, Grammatik oder Zeichensetzung kümmern. Wer seinem Lehrer mitteilen will, wie die Rettung eines Ertrinkenden am Baggersee tatsächlich abgelaufen ist – der wird sich nicht damit aufhalten wollen, ob es „beim schwimmen" oder „beim Schwimmen" heißen muss und ob hier „Sanitäter" oder „Saniteter" im Einsatz waren. Und dieses Primat des Inhalts sollten wir unseren Schülern auch gar nicht ausreden.

Kein Aufsatz – und natürlich auch kein Diktat – kommt aber ohne eine gründliche Nachkorrektur aus. Sie könnte den Schülern helfen, manchen überflüssigen Fehler zu vermeiden und damit ihr Gesamtergebnis zu verbessern. Die Erfahrung zeigt: Man kann einen Text wieder und wieder durchlesen – ohne dass einem solche Fehler auffallen. Deshalb bedarf es anderer Lese- und Korrekturverfahren, um über fehlende Buchstaben, falsche Wortendungen oder überflüssige Kommata zu stolpern. Denn bei der Nachkorrektur will dieses Stolpern erst gelernt sein.

Im Rahmen des Fließbands übernimmt jede Gruppe ein solches Korrekturverfahren. Dazu werden fehlerhafte Texte weitergereicht, die an jeder Station einem anderen Korrekturverfahren unterzogen werden müssen.

24

Diktate am Fließband

Bestimmt kennt ihr das auch: Ihr habt ein Diktat geschrieben und wollt noch einmal überprüfen, ob ihr auch alles richtig gemacht habt. Durch nochmaliges Durchlesen wollt ihr wenigstens verhindern, dass euer Text irgendwelche Flüchtigkeitsfehler enthält. Aber in der Regel seid ihr nach einem Diktat so geschafft, dass ihr für eine solche Nachkorrektur gar nicht mehr die nötige Konzentration aufbringt.

Die „Diktate am Fließband" sollen euch zeigen, was man alles tun kann, damit diese Nachkorrektur auch wirklich etwas bringt. Dazu bekommt ihr

Fortsetzung ▶▶

Texte vorgelegt, die voller Fehler stecken. Ihr sollt diese Fehler ausfindig machen, indem ihr die Texte einem kritischen Check unterzieht und dabei unterschiedliche Verfahren anwendet:

Gruppe A liest den Text durch und subvokalisiert ihn dabei: Das bedeutet, dass beim Lesen auch die Lippen bewegt werden. Erst durch das Subvokalisieren fallen einem viele Flüchtigkeitsfehler auf.

Gruppe B liest den Text durch – aber von hinten nach vorne. Durch dieses Rückwärtslesen stolpert man über viele Fehler, über die man sonst hinweggelesen hätte.

Gruppe C nimmt sich die Groß- und Kleinschreibung vor und untersucht, ob hier die entsprechenden Regeln eingehalten wurden. Denn gegen diese Regeln wird besonders häufig verstoßen.

Gruppe D markiert im Text alle Wörter, bei denen ihr euch nicht ganz sicher seid, wie sie geschrieben werden. Das gilt z.B. für Fachbegriffe oder für Fremdwörter.

Gruppe E schlägt die markierten Wörter im DUDEN nach und überprüft, ob sie richtig geschrieben sind. Ihr könnt dafür die gedruckte Ausgabe oder das entsprechende Internet-Portal nutzen.

Die Texte, die alle nur denkbaren Fehler enthalten, haben alle mit dem Lesen zu tun. Sie beleuchten dieses Thema unter unterschiedlichen Gesichtspunkten – und ihr könnt dabei auch manches Neue erfahren. So wie aus dem folgenden Text:

Jungs und Bücher – nicht alle Gegensätze ziehen sich an.

[1]   Lehrer und Eltern sind sich einig: Die meisten Jungen sind Lesemuffel. Sie lesen wenig und ungern, sie zeigen beim Lesen wenig ausdauer, und sie können vor alllem mit Büchern überhaupt nichts anfangen. Und wissenschafliche Untersuchungen scheinen diesen Findruck zu bestätigen.

[5]   So haben internationale Forscher herausgefunden: 64% alle Jungen lesen nur dann, wenn sie dazu gezwungen werden. Das gilt zum beispeil dann, wenn die Klasse im Deutschunterricht eine bestimmte Lektüre gelesen

Fortsetzung

haben muss. Jungen, die aus Freien Stücken und ohne den druck der Lehrer
und Eltern lesen, sind offensichlich in der Minderheit.

10 Anders als ihre Mitschülerinnen können die Jungen mit Geschichen und
Romanen nicht viel anfangen. Lieber beschäfftigen sie sich mit Sachbü-
chern, Comics oder Zeitschriften. Die folgen sind bekannt: Im Deutschunterricht schneiden die Jungen erheblich schechter ab als die Mädchen ihrer
Klasse. Denn wer wenig ließt, hat auch mit dem schreiben Propleme.

15 Das leseverhalten der Jungen hat auch mit ihren schlechten Forbildern zu
tun: Die meisten Väter sitzen lieber vor dem Fernseher als sich mit einem
Buch zu beschäftigen. Und sogar von den Lehrkräfften weis man, dass hier
die Lehrerinnen öfter und liber lesen als ihre männlichen Kolegen. Auserdem beklagen sich viele Jungen darüber, dass sie die meisten Bücher nicht

20 wirklich interressieren. So gibt es nur Wenige Jugendbücher, in denen es
um Fußball geht – während die von den Mädchen geliebten Pferdebücher
ganze Regahle füllen.
Um die Jungen wieder für das Lesen zu gewinnen, hat man sich Einiges
einfallen lassen: So besuchen Fußballer aus der Bundesliga regelmässig

25 Schulklassen, um von ihren Efrahrungen mit Büchern zu erzählen. Denn die
Jungen sollen wissen, dass das lesen nichts unmännliches ist. Und an manchen Schulen werden Lesenächte angebohten, bei denen die Jungen unter
sich sind und bei denen sich alles um Gespenster- und Hororgeschichten
dreht. Viele jungen würden ja gerne mehr lesen – es muss aber nicht

30 unbedint „Prinzesin Lillifee" sein.[25]

Auch beim Fließband steht es den Schülern frei, sich für eine bestimmte Station und
damit für eine bestimmte Aufgabe zu entscheiden. Aber ganz ohne Ihre ordnende
Hand wird es hier nicht gehen: Sie helfen den Schülern dabei, sich nicht von irgendwelchen Gruppenbindungen, sondern ganz allein von fachlichen Bedürfnissen und
Möglichkeiten leiten zu lassen. So sollte sich ein Schüler, der mit den Regeln zur
deutschen Rechtschreibung auf Kriegsfuß steht, nicht ausgerechnet für die Groß-
und Kleinschreibung verantwortlich fühlen. Und ein besonders leistungsstarker
Schüler wäre wahrscheinlich unterfordert, wenn er nur nach einzelnen Wörtern im
DUDEN suchen würde. Deshalb ist es legitim, die Verteilung der Schüler auf die
einzelnen Stationen in die Hand zu nehmen – auch wenn Sie sich während des
Fließbands selbst zurückhalten sollten.

Gruppen-Puzzle

Viele Lehrkräfte in sonderpädagogischen Einrichtungen, aber auch manche Eltern behinderter Kinder stehen der inklusiven Schule skeptisch gegenüber. Sie argumentieren, das gemeinsame Lernen von Kindern unterschiedlichen Leistungsvermögens benachteilige gerade die Schwachen. Immer wieder mit der Übermacht der leistungsstarken Schüler konfrontiert, komme ihnen jedes Selbstwertgefühl abhanden. Sie erlebten sich in der Konkurrenz mit den Fixeren und Begabteren doch nur als Versager und Verlierer. Wäre es für ihr Selbstbild nicht besser, sie blieben unter ihresgleichen – statt sich einer Konkurrenz zu stellen, der sie nicht standhalten können?

Was die Kritiker unterschätzen: Immer wieder kommt es auch im inklusiven Unterricht zu Situationen, in denen Schüler gleichen Leistungsvermögens unter sich sind. Das Lernen in homogenen Gruppen hat in der inklusiven Schule durchaus seinen Platz. Damit aber aus der homogenen Lerngruppe kein Getto wird, wechseln die Schüler nach einer gewissen Frist wieder in heterogen zusammengesetzte Arrangements. Geradezu beispielhaft funktioniert dieser Wechsel im **Gruppen-Puzzle** – einer Methode, bei der alle gefordert sind, bei der sich aber niemand über- oder unterfordert zu fühlen braucht.

Dazu werden zunächst vier oder fünf **Stammgruppen** gebildet, in denen Schüler unterschiedlichen Leistungsvermögens zusammen lernen. Es hat sich bewährt, die Zusammensetzung der Stammgruppen unter den Schülern auszulosen – sie also nicht selbst entscheiden zu lassen, zu welcher Gruppe sie gehören wollen. Alle Stammgruppen sollten gleich viele Mitglieder haben, damit später ein Wechsel der Gruppen möglich ist.

In einem ersten Arbeitsschritt sichtet und verteilt die Stammgruppe die vorgelegten Aufgaben. Dabei erhält jedes Mitglied der Gruppe einen anderen Arbeitsauftrag. Als Lehrkraft haben Sie darauf geachtet, dass alle Gruppen zwischen denselben Aufgaben zu wählen haben. Sie haben aber auch dafür gesorgt, dass die Arbeitsaufträge auf die unterschiedlichen Lerntypen und Begabungsprofile in Ihrer Klasse zugeschnitten sind. Aufgabe der Gruppe ist es, die einzelnen Arbeiten unter ihren Mitgliedern so aufzuteilen, dass jeder auf seine Kosten kommt.

Wenn die einzelnen Arbeitsaufträge verteilt sind, lösen sich die Stammgruppen auf, und alle Schüler, die dieselbe Aufgabe zu bearbeiten haben, bilden eine **Expertengruppe**: Hier beschäftigt sich zunächst jeder Schüler mit der ihm gestellten Aufgabe in Einzelarbeit, bevor dann die Ergebnisse innerhalb der Gruppe ausgetauscht werden. Auch hier bewährt sich wieder der Grundsatz: Jede Gruppenarbeit macht nur dann Sinn, wenn sich die Schüler vorher in Einzelarbeit mit dem gestellten Thema auseinandergesetzt haben. Jedes andere Vorgehen würde der „Trittbrettfahrerei" innerhalb der Gruppe nur Vorschub leisten.

Die Expertengruppe hat ihre Arbeit dann beendet, wenn alle Einzelergebnisse miteinander abgeglichen wurden und die Gruppe ein gemeinsames Ergebnis präsentieren kann.

Anschließend kehren die Schüler in ihre jeweilige **Stammgruppe** zurück: Hier stellen sie die Ergebnisse vor, die sie in der Expertengruppe gemeinsam erarbeitet haben. Oft wollen die Mitglieder der Stammgruppe diese Ergebnisse genauer erklärt bekommen, haben sie Rückfragen und Anregungen. Dafür bietet diese dritte Phase ausreichend Zeit. Gleichzeitig macht sich die Stammgruppe darüber Gedanken, wie sie das gesammelte „Experten"-Wissen vor der ganzen Klasse präsentieren möchte. Dabei müssen die Schüler ohne jede Vorgabe auskommen. Weil sie aber nicht zum ersten Mal mit der Methode des Gruppen-Puzzles arbeiten, wissen sie sehr gut, wie sich auch noch so gelangweilte Mitschüler in interessierte Zuhörer verwandeln können. Das gelingt z.B.,

- ➡ wenn die anderen bei ihrem Vorwissen abgeholt werden – wenn sie also testen können, wie gut sie mit einem Lerninhalt bereits vertraut sind.
- ➡ wenn wirklich alle Sinne angesprochen werden – wenn es also etwas zu sehen, zu hören, zu fühlen oder sogar zu schmecken gibt.
- ➡ wenn bei der Vorführung der einzelnen Gruppen auch Medien zum Einsatz kommen – damit das Ganze keine Kopfgeburt bleibt.
- ➡ wenn die Präsentation interaktiv angelegt ist – wenn also die Zuhörer direkt angesprochen werden und selbst etwas zu tun bekommen.
- ➡ wenn sich durch die Vorstellung der Stammgruppe so etwas wie ein „roter Faden" zieht – wenn also alle Einzelbeiträge etwas gemeinsam haben.

Ein Beispiel für die Unterrichtspraxis:
MUND-ART

Die Beschäftigung mit dem Dialekt in seinen unterschiedlichen Ausprägungen gehört zu den klassischen Themen des Deutschunterrichts. Da die Schüler heute vor allem durch die Medien sozialisiert sind, haben sie sich mit der Vorherrschaft des Hochdeutschen längst angefreundet. Mit den Dialekten ihrer Großeltern dagegen können sie immer weniger anfangen. Deshalb tut der Deutschunterricht gut daran, sie an diese bedrohten Sprachen zu erinnern. Dafür bietet sich ein Vergleich unterschiedlicher

Dialekte an. Hierbei sollte aber auch an die literarische Verarbeitung der Dialekte im Rahmen der Mundartdichtung erinnert werden.

In jedem Fall sollten die Schüler nach einer solchen Unterrichtseinheit wissen, dass im deutschsprachigen Raum eine Vielzahl von Dialekten heimisch geworden ist und dass deren Lautstruktur ganz entscheidend von der der deutschen Hochsprache abweicht. Darüber hinaus sollten sie in der Lage sein,

➡ ein Mundartgedicht so vorzutragen, dass sich dem Zuhörer dessen Inhalt problemlos erschließt.

➡ aus dem Kontext eines Gedichts heraus die Bedeutung ihnen unbekannter Wörter zu erschließen.

➡ einen Mundarttext ins Hochdeutsche zu übertragen und dabei dessen Sprechduktus zu übernehmen.

➡ Gesetzmäßigkeit für die Abweichung des Dialekts von der deutschen Hochsprache eigenständig herauszuarbeiten.

➡ für einzelne Wörter eine verallgemeinerungsfähige Schreibweise zu entwickeln.

Konkret geht es In dieser Unterrichtseinheit darum, dass den Schülern Mundartgedichte vorgelegt werden, deren Anspruchsniveau stark differiert. So wird innerhalb der Stammgruppe bald entschieden werden, dass die leistungsstarken Schüler den fränkischen oder den bairischen Text bearbeiten, sich die Schüler mit Problemen im Sprachverständnis aber eher mit dem schwäbischen oder mit dem hessischen Gedicht beschäftigen. Auch die Aufgaben, die im Anschluss an die Texte gestellt werden, folgen diesen Abstufungen in Anspruch und Kompetenz:

Mundart

Du bist Experte für BAIRISCH

Dein Text: 25 Rindviecha	Deine Aufgaben:
25 Rindviecha oda no mehr stengan auf da Wiesn und fressns leer. Olle in oana Richtung, ois waarns kommandiert. Föit grod, dass die ganze Hordn im Gleichschritt marschiert.	1. Du sollst den Text laut vortragen – und die anderen sollen mitbekommen, worum es hier geht. 2. Du sollst die ersten acht Verse auswendig lernen. 3. Du sollst den Inhalt des Gedichts mit deinen eigenen Worten wiedergeben.

Fortsetzung ▶▶

Dass im Gleichschritt marschieratn,
foit eana do net ei.
Wei soichane Rindviecha
kenna Rindviecha gor net sei.

(Franz Ringseis)[26]

4. Du sollst herausfinden, welche Inhalte des Gedichts dem modernen Leser altmodisch vorkommen.

Du bist Experte für FRÄNKISCH

Dein Text: feich	**Deine Aufgaben:**
babiäkörb oozindn weils su schäi raung doud glodeckl oomondiän dass kannä mäiä scheißn koo delefonheislä hiimachn weil ann suwisu kannä oorufn doud hoknkreizä an di wend moln weils su leichd is obbä in dä errberrd di goschn ned aufbringä *(Fitzgerald Kusz)*[27]	1. Du sollst den Text laut vortragen – und die anderen sollen mitbekommen, worum es hier geht. 2. Du sollst die ersten vier Verse auswendig lernen. 3. Du sollst herausfinden, welche Gesetzmäßigkeiten des Fränkischen an diesem Gedicht abzulesen sind. 4. Du sollst die ersten vier Verse in deinen eigenen Dialekt übertragen.

Du bist Experte für HESSISCH

Dein Text: **Komm doch e bess'che**	**Deine Aufgaben:**
Komm doch e bess'che un setz dich e bess'che, ach reck noch e bess'che zou mir. Ei, dann reck ich e bess'che un setz mich e bess'che, e klee Steckche neher zou dir. Gäb mir e Küss'che, dann gäb ich dir eens.	1. Du sollst den Text laut vortragen – und die anderen sollen mitbekommen, worum es hier geht. 2. Du sollst die ersten sechs Verse auswendig lernen. 3. Du sollst die sechs schwierigsten Wörter auf einem gesonderten Blatt notieren.

Fortsetzung ▶▶

Neamm mich ganz fest in de Oarm.
Eass aach die Welt drauss so kalt,
ich wäß eens:
Mir wärd bei dir do schie woarm.

(Unbekannt)[28]

4. Du sollst herausfinden, wie die hessischen Vokale im Hochdeutschen lauten.

Du bist Experte für PLATTDEUTSCH

Dein Text: **Hunnert Kilo uppe Waage**	**Deine Aufgaben:**
Hunnert Kilo uppe Waage, nee dat gift nich alle Daage, datt alles was ja kein Mallör, wenn ick nich sau lütjet weer. Hier hölpt wirklich nur ein Wunner, de Punne de möt wedder runner. Doch et is noch nich tau late, wie holt en Dokter üsch tau Rate. De studierte, klauke Mann ordnt ne Diät dick an: Kein Gramm Fett mehr inne Wost, dafor gift Gemüsekost. *(Günther Jatzkowski)*[29]	1. Du sollst den Text laut vortragen – und die anderen sollen mitbekommen, worum es hier geht. 2. Du sollst die ersten vier Verse auswendig lernen. 3. Du sollst die ersten acht Verse ins Hochdeutsche übertragen. 4. Du sollst herausfinden, wie die plattdeutschen Konsonanten im Hochdeutschen heißen.

Du bist Experte für SCHWÄBISCH

Dein Text: Dr Vaddr schaffd	**Deine Aufgaben:**
Dr Vaddr schaffd d Muadr schaffd dr Bua schaffd d Schual nedd.	1. Du sollst den Text laut vortragen – und die anderen sollen mitbekommen, worum es hier geht. 2. Du sollst dieses Mundartgedicht auswendig lernen. 3. Du sollst alle Wörter unterstreichen, die dir unbekannt sind.

Fortsetzung ▶▶

(Hanno Kluge)[30]	4. Du sollst drei Sätze im Hochdeutschen bilden, in denen das Wort „schaffen" vorkommt.

Nachdem die Stammgruppe die Ergebnisse aus den Expertengruppen begutachtet hat, muss sie sich darauf verständigen, wie sie ihre Arbeit vor der gesamten Klasse präsentieren will. So könnten die Schüler im Rahmen einer Umfrage ermitteln, wie populär die einzelnen Dialekte unter ihren Mitschülern sind. Oder sie könnten die anderen ein Diktat mit besonders ausgefallenen Wörtern schreiben lassen, die sich in den fünf Texten finden lassen. Oder sie könnten im Sprechgesang Werbeslogans vortragen, die sie vorher in die Sprache des Dialekts übersetzt haben. So übernimmt die Stammgruppe nicht nur eine Kontrollfunktion, sondern ist auch für einen originellen und witzigen Transfer verantwortlich.

Die Textdetektive

Die Ergebnisse der ersten PISA-Studie waren für alle Beteiligten ein Schock. Denn mit so verheerenden Ergebnissen hatte niemand gerechnet. Nicht gerechnet hatte man freilich auch mit den Aufgaben, die die Schüler im Rahmen der PISA-Studie zu lösen hatten. Denn solche Aufgaben waren bis dahin in deutschen Klassenzimmern völlig undenkbar gewesen. Neu war z.B., dass die Probanden die Texte neben sich liegen hatten, um hier Fragen zum Textverständnis zu beantworten. War man in deutschen Klassenzimmern doch daran gewöhnt, sich einen Text vorlesen zu lassen, um anschließend seinen Inhalt wiederzugeben – was eher einem Anschlag auf das Gedächtnis als einer Herausforderung für das Textverständnis gleichkam. Die PISA-Fragen verlangten von den Schülern, den Inhalt eines Textes nicht nachzubeten, sondern sich wirklich mit ihm auseinanderzusetzen.

In dieser Tradition sehen sich auch die **Textdetektive**. Denn als Textdetektive müssen sich Ihre Schüler mit den verborgenen Feinheiten und mit den sublimen Strukturen eines Textes befassen. Sie müssen dazu Fragen beantworten, die sich dem oberflächlichen Leser nicht erschließen. Deshalb ist der sorgfältige Blick in die Textvorlage ausdrücklich erwünscht. Mit den Textdetektiven wird das Spicken hoffähig.

Dazu erhalt jede Gruppe einen Text, den sich die Schüler genau durchzulesen haben. Sie tauschen sich über unbekannte Begriffe und offene Fragen aus – und formulieren dann Aussagen zum Text, die richtig oder falsch sein können. Dann wandert der Text zur nächsten Gruppe. Hier müssen die Schüler den Text in Stillarbeit durchlesen, um dann gemeinsam zu entscheiden, ob die von den Aufgabenstellern formulierten Aussagen zutreffen oder nicht. Anschließend wird die Antwort an die Ausgangsgruppe zurückgegeben und von dieser gegengelesen. Damit übernimmt jede Gruppe eine Doppelfunktion: Sie muss Aufgaben stellen und lösen, sie muss sich gleichzeitig im Nehmen und im Geben üben. Weil es aber die Schüler selbst sind, die ihre Klasse herausfordern, können sie besser als jeder Lehrer einschätzen, welcher Schwierigkeitsgrad wirklich angemessen ist. Und darauf kommt es gerade in inklusiven Klassen an.

Ein Beispiel für die Unterrichtspraxis:
DISKONTINUIERLICHE TEXTE VERSTEHEN

Neu war im Rahmen der PISA-Studie auch, dass den Schülern nicht nur zusammenhängende Texte vorgelegt wurden – wie man das bei gängigen Aufsatzformen, wie der Inhaltsangabe oder der Textzusammenfassung, immer schon praktiziert. Die PISA-Leute muteten Schülern wie Lehrern auch diskontinuierliche Texte zu – also Tabellen, Diagramme oder Karten. Sich mit solchen nicht linearen Texten auseinanderzusetzen und deren offene oder verborgene Botschaften zu entschlüsseln – das hatte den Schülern der ersten PISA-Generation keiner beigebracht. Und ihre Deutschlehrer am allerwenigsten.

Demgegenüber hat sich der Deutschunterricht inzwischen auf solche diskontinuierlichen Texte eingelassen. Und die Textdetektive sind eine probate Methode, um sich einer Tabelle oder einem Diagramm über knifflige Fragen zu nähern.

Grundlage des folgenden Unterrichtsbeispiels sind Tabellen, die sich mit dem Nutzerverhalten unserer Medienwelt befassen. Hier erhält jede Gruppe eine Tabelle, zu der die Schüler zehn Aussagen zu formulieren haben. Die nächste Gruppe muss dann entscheiden, welche Aussagen der Tabelle zu entnehmen sind – und welche nicht. Die Schüler sollen also nicht zwischen falschen und richtigen Informationen unterscheiden – sondern nur zwischen dem, was sich anhand der Tabelle nachweisen lässt, und dem, was durch diese nicht belegt ist.

Mediennutzung
Gruppe A: WELCHE MEDIEN NUTZEN WIR?

Die folgende Tabelle zeigt euch, wie viele Menschen sich täglich mit den folgenden Medien beschäftigen (in %):

Buch	26
Computerspiele	11
Fernsehen	86
Internet	40
Kino	1
Radio	79
Tageszeitung	58
Teletext	35
Zeitschrift	24

Quelle: Timebudget/Forsa[31]

Der Gruppe könnten dazu folgende Aussagen einfallen:

Aussage	Im Text enthalten	Im Text nicht enthalten
Über die Hälfte der Deutschen hat eine Tageszeitung abonniert.		
Zwei Fünftel aller Deutschen sind täglich im Internet unterwegs.		
Von allen gedruckten Medien hat die Tageszeitung am meisten Nutzer.		
In 79 % aller Wohnungen befindet sich ein Radiogerät.		
Durch das Fernsehen hat die Tageszeitung an Beliebtheit eingebüßt.		
Das Buch ist in Deutschland beliebter als die Zeitschrift.		

Fortsetzung ▶▶

7 % aller Deutschen besitzen ein Fernsehgerät, aber kein Radio.		
Computerspiele sind eher etwas für männliche Nutzer.		
Von den genannten Medien machen vier einen Bildschirm erforderlich.		
Eine Mehrheit der Deutschen schaut täglich in die Zeitung.		

Gruppe B: WARUM NUTZEN DIE MENSCHEN MEDIEN?

Die Forscher wollten herausbekommen: Was für Motive haben die Menschen, wenn sie sich vor den Fernseher setzen, das Radio einschalten, eine Zeitung zur Hand nehmen oder im Internet unterwegs sind? Hier sind die Auskünfte der Befragten:

Aussagen	Das gilt für das Fernsehen (in %)	Das gilt für das Radio (in %)	Das gilt für das Internet (in %)	Das gilt für die Zeitung (in %)
„Ich will mich informieren."	84	80	91	97
„Ich will Spaß haben."	81	86	80	66
„Ich will dabei entspannen."	77	76	37	40
„Ich will Nützliches erfahren."	64	65	80	81
„Ich will mich ablenken."	61	54	40	24
„Ich nutze dieses Medium nur aus Gewohnheit."	58	70	42	57
„Ich will mitreden können."	58	52	51	76

Quelle: suedddeutsche.de[32]

Fortsetzung ▶▶

Gruppe C: WER LIEST WIE VIEL?

Hier erfahrt ihr, wer wieviel liest und welche Unterschiede es dabei gibt. Dabei haben sich die Forscher vor allem für die Leser von Büchern interessiert. Und da gibt es zwischen den einzelnen Gruppen erhebliche Unterschiede:

	Wie viele Bücher durchschnittlich im Jahr gelesen werden (in %):	Wie viele Kinder und Jugendliche mehrmals in der Woche ein Buch lesen (in %):
Alle	15	43
Grundschule	22	63
Realschule	5	23
Mädchen	19	53
Jungen	11	33

Quelle: JIM-Studie 2009[33]

Gruppe D: WIE LANGE HÖREN DIE DEUTSCHEN RADIO?

Die Deutschen wurden gefragt, wie viele Stunden sie am Tag die Hörfunkprogramme öffentlicher oder privater Sender hören. Hier das Ergebnis:

Aussage	Anteil der Befragten (in %)
„Ich höre überhaupt kein Radio."	5
„Ich höre täglich weniger als eine Stunde Radio."	28
„Ich höre täglich eine Stunde Radio."	20
„Ich höre täglich zwei Stunden Radio."	18
„Ich höre täglich drei Stunden Radio."	9
„Ich höre täglich vier Stunden Radio."	6
„Ich höre täglich länger als vier Stunden Radio."	14

Quelle: www.marketing-blog[34]

Fortsetzung ▶▶

Gruppe E: WIE LANGE SIND KINDER UND JUGENDLICHE IM NETZ?

Hier interessierte vor allem, wie lange Kinder und Jugendliche täglich im Netz unterwegs sind. Die Angaben sind der Tabelle als Prozentwerte zu entnehmen:

Häufigkeit Internet-Nutzung	Alle	10–12 Jahre	13–15 Jahre	16–18 Jahre
Mehrmals täglich	46	15	43	75
Einmal am Tag	19	17	28	13
Nicht jeden Tag, aber mehrmals in der Woche	23	36	25	9
Einmal in der Woche oder seltener	13	31	5	3

Quelle: Bitkom[35]

Wenn es darum geht, Fragen für die anderen Gruppen zu entwerfen, können sich alle beteiligen: Die einen werden Aussagen formulieren, die an den Haaren herbeigezogen sind und deshalb jedem auffallen dürften („1 % der Deutschen gehen einmal im Monat ins Kino"). Andere dürften sich Aussagen ausdenken, die zwar offenkundig stimmen, aber durch die Tabelle selbst nicht gedeckt sind („58 % der Befragten kaufen täglich eine Tageszeitung"). So kann jeder selbst bestimmen, auf welcher Anspruchsebene er sich einbringen will.

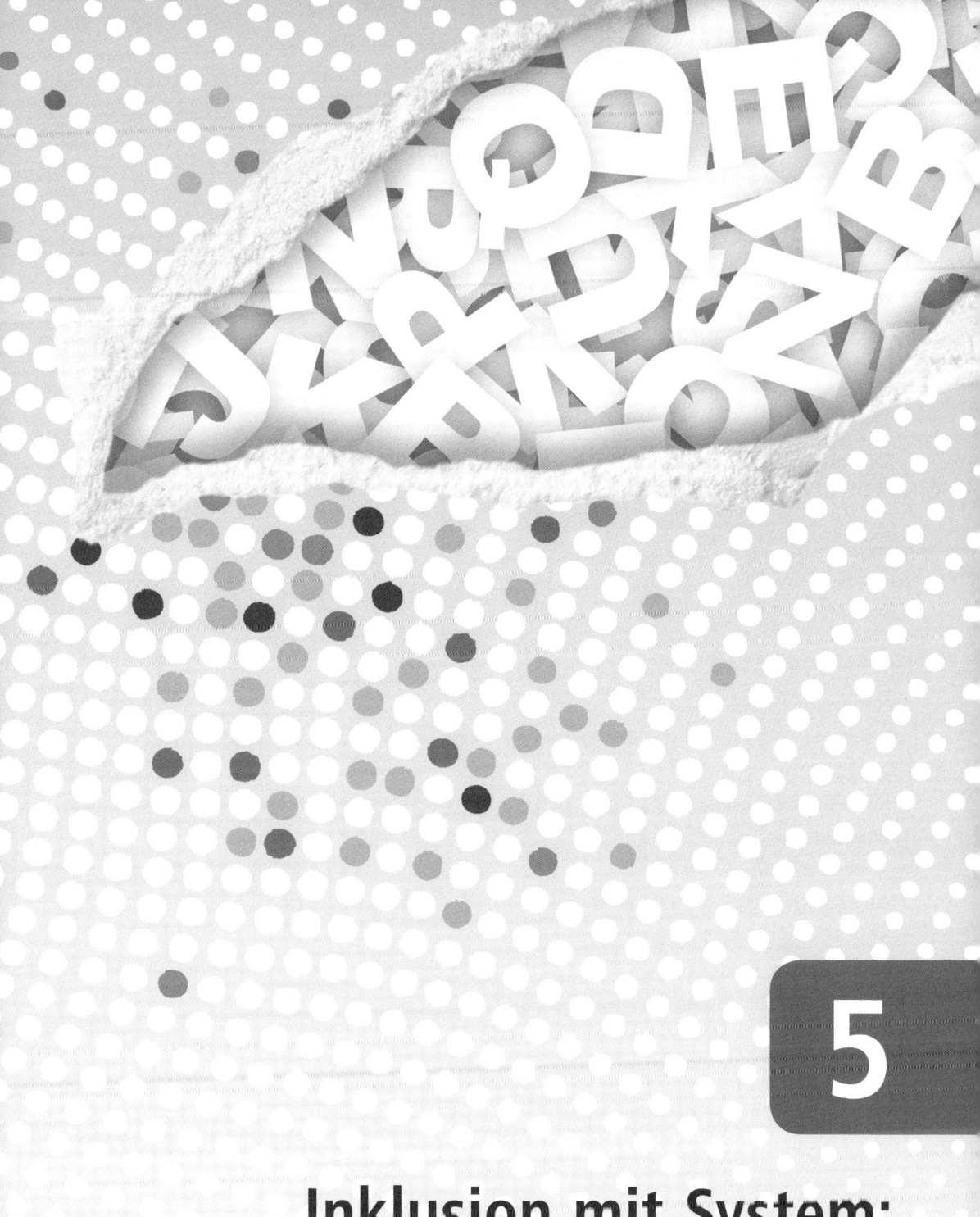

5

Inklusion mit System:
Die Lernspirale

Offensichtlich stehen Ihnen als Lehrkraft zahlreiche Methoden zur Verfügung, mit denen Sie differenziert unterrichten und damit auf die besonderen Ansprüche einer inklusiven Klasse eingehen können. Und dennoch bleibt ein schaler Beigeschmack: Zwar gelingt es Ihnen mit der einen oder anderen Methode, die Uniformierung des Lernens zu konterkarieren. Aber solche methodischen Ausreißer sind oft nicht mehr als eine nette Abwechslung oder ein kurzweilig eingefädeltes Intermezzo. Ein Paradigmenwechsel im Klassenzimmer ist damit noch lange nicht gewährleistet. Denn oft erfüllt ein solcher Methodenwechsel nicht mehr als eine Alibifunktion. Deshalb kommt es verstärkt darauf an, einzelne Methoden zu einem übergreifenden System zu bündeln. An den unterschiedlichen Modellen eines Offenen Unterrichts lässt sich nachzeichnen, wie diese Bündelung differenzierter Lern- und Arbeitsformen gelingen könnte. Dazu gehören

- das Stationenlernen,
- die Freiarbeit,
- die Arbeit im Lernbüro,
- die Arbeit mit Portfolios,
- das Projektlernen,
- die Jahresarbeit.

Immer kommt es bei solchen langfristig angelegten Vorhaben darauf an, dass die Schüler Gelegenheit haben, sich im Rahmen ihrer individuellen Möglichkeiten mit einem bestimmten Thema zu beschäftigen – dass sie aber gleichzeitig gefordert sind, sich darüber mit anderen auszutauschen und sich gegenseitig auf den gleichen Wissensstand zu bringen. Dabei vollzieht sich das Lernen stets auf drei Ebenen:

- Zunächst muss sich jeder Schüler Gedanken darüber machen, wie eine Aufgabe zu lösen oder wie ein Auftrag anzugehen wäre. Bevor er in die Kooperation mit anderen einsteigt, ist er erst einmal auf seine eigene Lösungskompetenz angewiesen. So kann verhindert werden, dass unsere Schüler zu reinen Trittbrettfahrern werden, die die Interessierten und Motivierten für sich arbeiten lassen.

- Anschließend sollten die Schüler mit einem Partner zusammenarbeiten oder sich einer Gruppe anschließen. In der Kooperation mit anderen stellen sie ihre Vorschläge zur Diskussion, akzeptieren sie Ergänzungen und Korrekturen, erfahren sie Kritik und Ermutigung. Hier erleben die Schüler, dass sie mit ihrem Ausgangswissen nicht allein gelassen sind und dass ihnen auch Irrwege und Sackgassen nicht zur Falle werden – solange hier alle an einem Strick ziehen.

- Zum Abschluss präsentieren die Schüler ihre Ergebnisse vor der ganzen Klasse. Sie stellen dabei nicht nur ihre fertigen Produkte vor, sondern erläutern auch, auf welchen Wegen sie ihr Ziel erreicht haben. Dabei sind Umwege und Barrieren ebenso willkommen wie der vermeintliche Königsweg zu Einsicht und Erkenntnis. Der Weg ist eben auch hier das Ziel.

An dieser Abfolge der Arbeitsschritte sollte festgehalten werden, wenn die Methoden des differenzierten Arbeitens zu einem umfassenden Lernvorhaben zusammengefasst werden. Wie das im Einzelnen funktionieren könnte, lässt sich am Modell einer **Lernspirale** verfolgen: Hier sind die Schüler über einen längeren Zeitraum mit einem bestimmten Thema befasst, das sie sich aus unterschiedlichen Blickwinkeln und mit differenzierten Methoden erschließen.

Kennzeichnend für die Lernspirale sind
➡ der regelmäßige Wechsel unterschiedlicher Sozialformen,
➡ die allmähliche Steigerung des Anspruchsniveaus.

Die Lernspirale ist gerade für die Arbeit mit inklusiven Klassen geeignet, weil hier immer wieder Phasen des kooperativen Lernens vorgesehen sind. Im Austausch mit anderen haben die Schüler Gelegenheit, sich von diesen helfen zu lassen oder selbst unterstützend und korrigierend einzugreifen. Die Partner- und Gruppenarbeit hat hier eine Schleusenfunktion: Sie gewährleistet, dass sich die Schüler untereinander auf einen vergleichbaren Kenntnisstand heben und auf diesem Level dann weiterarbeiten können.

Dabei übernimmt der Lehrer hier eine Funktion, die sich weitgehend mit seiner Rolle im herkömmlichen Unterricht deckt. Hier wie dort ist er es, der die einzelnen Phasen des Lernprozesses steuert. Hier wie dort hat er die Inhalte festzulegen, die Methoden auszuwählen und die Materialien bereitzustellen. Der Lehrer formuliert die Aufgaben, denen sich die Schüler zu stellen haben – und er entscheidet, welche Sozialform ihm dafür geeignet erscheint. Auch wer Schwierigkeiten hat, sich im Unterricht ganz zurückzunehmen und seine Schüler in die große Eigenständigkeit zu entlassen, wird sich mit der Lernspirale anfreunden können. Denn für Klippert sind Lernspiralen „reglementiert und lehrergelenkt".[36]

Wie im traditionellen Unterricht wird dem Schüler hier ermöglicht, sich mit den unterschiedlichen Facetten eines Lerngegenstands zu beschäftigen. So steigt eine Lernspirale zum Thema „Comic Literatur" tief in die Geschichte dieses Genres hinab, stellt den Schülern die Klassiker der Comic-Literatur vor und macht sie mit besonders ambitionierten Vertretern dieser oft unterschätzten Gattung bekannt. Die Schüler befassen sich hier mit den dramaturgischen Gesetzmäßigkeiten und den sprachlichen Besonderheiten des Comics. Und sie diskutieren, welche Maßstäbe der literarischen Wertung sich an diese narrativen Bilderwelten anlegen lassen. Die Windungen einer

Lernspirale ermöglichen es den Schülern, sich ein Thema unter ganz unterschiedlichen Aspekten zu erschließen und dadurch so manche eindimensionale Sichtweise zu überwinden.

Der Vielfalt der inhaltlichen Bezüge entspricht eine Vielfalt der methodischen Ansätze: Mit jeder neuen Windung der Lernspirale lernen die Schüler auch eine neue Arbeitsform kennen. So kann es hier ihre Aufgabe sein, im Internet nach den ersten Beispielen dieses Genres zu fahnden, eine Grammatik der Sprechblase zu erarbeiten oder einen bekannten Stoff der Weltliteratur in die Form eines Comics zu übertragen. Die Schüler können sich hier mit ihren praktischen oder kreativen Talenten einbringen, können recherchieren, interpretieren oder analysieren, können sich als Zeichner, Texter oder Übersetzer betätigen.

Wie ihr gegenständliches Vorbild windet sich auch die Lernspirale nach oben. Für die Schüler bedeutet das: Dass sie zunächst mit eher reproduktiven Aufgaben beginnen – um sich dann immer komplexeren und diskursiveren Gegenständen zuzuwenden. So kann es zunächst ihre Aufgabe sein, bekannte Comic-Figuren an ihren signifikanten Merkmalen zu identifizieren oder blinde Sprechblasen mit neuen Texten zu füllen. Später werden sie dann Kriterien für die Bewertung von Comics entwickeln oder die Eignung eines Comics als Vorlage für ein Computerspiel begutachten. Entscheidend dabei bleibt, dass alle mitgenommen werden und niemand im Getto seiner unzulänglichen Möglichkeiten zurückgelassen wird. So erleben auch die lernschwachen Schüler ihre Gruppe als eine Seilschaft, in der sie sich auf die Unterstützung der anderen verlassen können.

Ein Beispiel für den Unterricht:
PHILOLOGIE DER NAMEN

Manche Namen sind für unsere Schüler tatsächlich Schall und Rauch. Da wohnen sie im Ferdinand-Sauerbruch-Weg, überqueren sie täglich den Rosa-Luxemburg-Platz und besuchen sie eine Schule, die an der Uhlandstraße liegt – und dennoch haben sich noch nie die Mühe gemacht, irgendwelche Erkundungen über die Namensgeber dieser Örtlichkeiten einzuholen. Und mit den Namen ihrer Schule gehen viele Schüler ebenso leidenschaftslos um: Sie besuchen die Jakob-Muth-Schule, das Helene-Lange-Gymnasium oder das Hermann-Kesten-Kolleg – ohne dass ihnen zu diesen Persönlichkeiten irgendetwas Qualifiziertes einfallen würde.

Ganz anders verhält es sich, wenn es um die Herkunft und Bedeutung ihrer eigenen Namen geht: Da möchte wohl jeder wissen, aus welchem Kulturkreis sein Vorname stammt und wie sich sein Nachname am besten übersetzen ließe. Dieses naturwüchsige Interesse ist eine gute Ausgangsbasis, um sich im Deutschunterricht mit der Etymologie und Semantik der Namen zu beschäftigen. Und bei näherem Hinsehen zeigt sich obendrein, dass dieses Thema nicht nur für empirische Wahrheiten, sondern auch für manche Auseinandersetzung gut ist. So lässt sich trefflich darüber streiten, warum die Standesämter manche Vornamen anerkennen, andere aber ablehnen. Diskutieren lässt sich auch, ob wir Lehrer mit Vornamen wie „Dennis" oder „Mandy" tatsächlich ein negatives Werturteil verbinden – wie uns das eine Studie der Universität Oldenburg glauben machen will.[37]

Im Rahmen einer Lernspirale können sich die Schüler mit der Herkunfts- und der Bedeutungsgeschichte der Namen aus unterschiedlichen Blickwinkeln beschäftigen. Wenn sie sich dazu in der Einzelarbeit festbeißen oder verzetteln, haben sie anschließend im Rahmen des kooperativen Lernens Gelegenheit, sich auf den aktuellen Stand der Nachforschungen bringen zu lassen. Zu Beginn der Partner- und Gruppenarbeit werden nämlich jeweils die Ergebnisse der Einzelarbeiten miteinander verglichen – sodass niemand befürchten muss, abgehängt zu werden oder den Anschluss zu verlieren. Denn eine solche Lernspirale führt nur gemeinsam nach oben.

Unsere Namen
Eine Lernspirale für den Deutschunterricht

Themen	Sozialformen	Methoden
Wie die Tiere zu ihren Namen kommen	Einzelarbeit	Den Schülern werden Tiernamen, wie „Rex" oder „Hertha", vorgelegt, die sie dann jeweils einer Gattung zuordnen müssen.
Vornamen – Rufnamen – Spitznamen – Kosenamen	Partnerarbeit in ausgelosten Teams	Im Sinne einer **Leiteraufgabe** (S. 53) müssen die Schüler erraten, von welchem Vornamen sich welche Kurzform ableitet.

Fortsetzung ▶▶

Namen aus unterschiedlichen Kulturkreisen	Einzelarbeit	Die Schüler haben bekannte Vornamen jeweils ihrer Herkunftskultur zuzuordnen. Dabei sind die Aufgaben nach dem Prinzip der **Ampel** (S. 65) sortiert.
Unsere Vornamen – und was sie eigentlich bedeuten	Arbeit in ausgelosten Gruppen	In **Gilden** (S. 92) versuchen die Schüler, herauszubekommen, welche Bedeutung hinter welchem Vornamen verborgen sein könnte.
Multikulti im Spiegel der Nachnamen	Partnerarbeit in frei wählbaren Teams	Die Schüler suchen im Telefonbuch nach Nachnamen, die eindeutig auf eine bestimmte Herkunftskultur schließen lassen.
Unsere Promis – und was es mit ihren Nachnamen auf sich hat	Arbeit in ausgelosten Gruppen	Die Nachnamen prominenter Zeitgenossen werden im Rahmen einer **Gruppen-Mindmap** (S. 115) unterschiedlichen Bedeutungsgeschichten zugeordnet.
Künstler mit und ohne Pseudonym	Einzelarbeit	Die Schüler haben herauszubekommen, welche Prominente unter einem Pseudonym bekannt wurden und wie sie mit bürgerlichem Namen heißen.

Fortsetzung ▶▶

In oder out? – Welche Namen gerade in Mode sind	Partnerarbeit in ausgelosten Teams	Den Schülern werden die zehn derzeit beliebtesten Mädchen- und Jungennamen vorgelegt. Sie haben dann nach den Gesetzmäßigkeiten solcher Modeerscheinungen zu fragen.
Erlaubt oder verboten: Wie die Standesämter bei der Namenwahl entscheiden	Arbeit in frei wählbaren Gruppen	Anhand praktischer Beispiele diskutieren die Schüler, welche Vornamen sie als Standesbeamte akzeptieren würden – und welche nicht.
„Kevin ist kein Name, sondern eine Diagnose." – Stimmt das?	Partnerarbeit in frei wählbaren Teams	Die Schüler erzählen sich im Rahmen eines **Smalltalks** (S. 113), was Mitschüler mit negativ konnotierten Vornamen in der Schule alles auszuhalten hatten.

Mit ihrem breit gefächerten Themenangebot bietet die Lernspirale wohl jedem Schüler etwas: Da wird die einen interessieren, warum man bei Namen wie „Blacky", „Hertha" oder „Jumbo" spontan an bestimmte Tiergattungen denkt – und die anderen werden darüber nachdenken, in welchen Intervallen bestimmte Vornamen in Mode kommen. Da werden manche wissen wollen, warum „Pinocchio" oder „Emma Tiger" als Namen zugelassen sind, „Sputnik" oder „Odol" aber nicht. Und da wird manche überraschen, dass der Name Fidel Castros an eine Trutzburg, der Che Guevaras aber an einen lispelnden Blondschopf erinnert. Darüber hinaus erfahren die Schüler im Rahmen dieser Lernspirale auch etwas über sich selbst. Hier hört Lenny vielleicht zum ersten Mal, dass er eigentlich „Leonhard" heißt, und hier erfährt Selina, dass sich ihr Name vom lateinischen „caelum" ableitet. Hier informiert sich Charlotte darüber, dass ihr Name aus dem französischen Sprachraum kommt, und hier entdeckt Tobias, dass sein Vorname eigentlich „Gott ist gnädig" bedeutet. Solche Zugänge werten ein Thema in den Augen der Schüler auf. Denn sie können darauf vertrauen, dass ihre ureigenste Geschichte verhandelt wird. Dieses „tua res agitur" hat sich noch immer als ein probates Therapeuticum erwiesen, wenn die Motivation der Schüler wieder einmal abzustürzen drohte. Das gilt auch für eine solche Lernspirale, die die Schüler zu immer neuen Windungen und damit auch zu der einen oder anderen Überraschung führt.

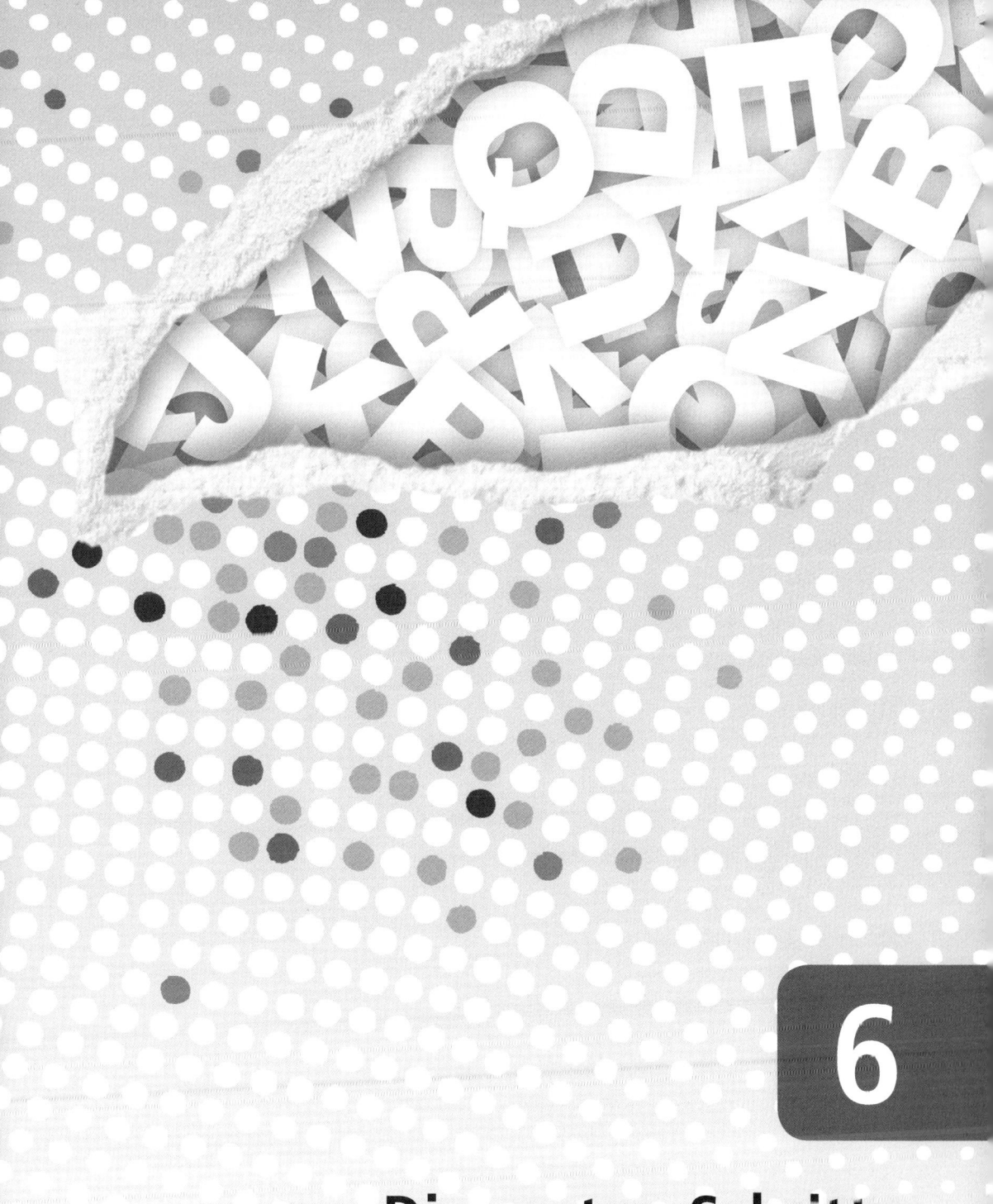

6

Die ersten Schritte

Die inklusive Schule taugt nicht für aktionistische Extratouren. Ein freundlicher Bericht in der Heimatzeitung oder die schulterklopfende Anerkennung des zuständigen Schulamts können natürlich nicht die Motivation sein, sich auf dieses anspruchsvolle Projekt einzulassen. Die Inklusion ist nun einmal keine Schaufensterveranstaltung, sondern ein nachhaltiger Beitrag zur Schulentwicklung. Und so sollte vor Ort auch damit umgegangen werden.

Die ersten Schritte auf dem Weg zur inklusiven Schule finden im Kopf statt. Um damit erfolgreich zu sein, müssen die Lehrkräfte die Prinzipien des inklusiven Unterrichts verinnerlichen und sich diese zu eigen machen. Sie sollten sich deshalb fragen:

➜ „Bin ich bereit, auf eine Kategorisierung meiner Schüler zu verzichten – gerade dann, wenn ich Schüler mit und ohne Behinderung gemeinsam unterrichte?"

➜ „Bin ich bereit, mich auf die unterschiedlichen Neigungen und Begabungen meiner Schüler einzulassen und deren Verschiedenheit nicht als Belastung, sondern als Chance wahrzunehmen?"

➜ „Bin ich bereit, jedes Kind als Einzelpersönlichkeit zu respektieren und mir ein unvoreingenommenes Bild von seinen individuellen Stärken und Schwächen zu machen?"

➜ „Bin ich bereit, im Klassenzimmer mit einer zweiten Fachkraft zusammenzuarbeiten – auch wenn diese ihre Aufgabe mit einem ganz anderen Selbstverständnis und mit ganz anderen Methoden angeht?"

➜ „Bin ich bereit, mich trotz solcher Herausforderungen von meiner Arbeit im Klassenzimmer nicht aufreiben zu lassen – und darauf Rücksicht zu nehmen, dass auch meine Kapazitäten begrenzt sind?"

Erst wenn Sie solche Fragen aus voller Überzeugung mit Ja beantworten können, sollten Sie sich auf den Weg machen. Dabei wäre es vermessen, Ihren Unterricht grundlegend umstellen zu wollen, ohne sich selbst eine entsprechende Übergangsfrist einzuräumen. Wer sich vornimmt, alles von heute auf morgen anders und besser zu machen – der dürfte schon nach kurzer Zeit an seinen eigenen Ansprüchen scheitern. Auf solche Erfahrungen sollten Sie deshalb lieber verzichten.

Vielleicht wäre es besser, sich zunächst ein Methodenrepertoire des differenzierten Lernens aufzubauen. Durch den Einsatz unterschiedlicher Arbeits- und Sozialformen werden Sie nach und nach sicherer und selbstbewusster. Helfen wird Ihnen dabei der Tatbestand, dass Ihre bisher erstellten Arbeitsblätter und Unterrichtskonzepte nicht in irgendwelchen Aktenordner verstauben müssen, sondern dass daraus ein Fundus differenzierter Lernangebote werden kann. Sie verfügen damit über eine brauchbare Materialbasis, auf die Sie auch unter den Rahmenbedingungen einer inklusiven Schule immer wieder zurückgreifen können. Nur dass es jetzt darauf ankommt, die einzelnen Aufgaben den Anforderungen des differenzierten Lernens anzupassen und entsprechend abzuwandeln.

Helfen wird Ihnen auch, dass Sie sich schrittweise in eine andere Arbeits- und Aufgabenkultur einarbeiten können und dass Sie es nicht auf einen radikalen Bruch mit Ihrer bisherigen pädagogischen Praxis ankommen lassen müssen.

Auch die Schüler wären mit einem solchen radikalen Schnitt überfordert. Denn auch sie müssen Schritt für Schritt an die Spielregeln des inklusiven Lernens herangeführt werden. So müssen sie sich daran gewöhnen, dass sie ihre eigene Begabungssituation sensibel beobachten und ihre individuellen Lernfortschritte sorgfältig registrieren. Sie müssen sich auch darauf einstellen, zwischen unterschiedlichen Lernangeboten auszuwählen, und sie müssen einsehen, dass sie sich dabei nicht überfordern, dass sie es sich aber auch nicht zu leicht machen dürfen. Schließlich müssen die Schüler darauf vorbereitet sein, sich nicht immer nur an den Lehrer zu wenden, sondern sich auch einmal von den eigenen Mitschülern helfen zu lassen. Ein solcher Paradigmenwechsel verlangt auch von den Schülern einen langen Atem und viel Geduld.

Veränderungen greifen immer erst dann, wenn jemand den Anfang macht. Seien Sie dieser Jemand! Aber setzen Sie dabei nicht nur auf die eigenen Kräfte. Denn mit diesen verantwortungsvoll hauszuhalten, ist ein Gebot pädagogischer Professionalität. Die allmähliche Implementierung einer inklusiven Lernkultur ist immer nur im Team zu stemmen. Deshalb sollten Sie mit anderen Lehrkräften Ihres Fachs kooperieren: Dazu gehört die gemeinsame Ausarbeitung differenzierter Lernmaterialien ebenso wie die Praxis gegenseitiger Hospitationen oder die Durchführung einzelner Unterrichtseinheiten durch ein Lehrertandem. Die Fachkonferenz Deutsch könnte zu einer tragfähigen Plattform werden, auf der sich solche Kooperationen vereinbaren lassen.

Bekanntlich sind bisher alle Versuche gescheitert, die Schule nur über Gesetze, Verordnungen und Erlasse verändern zu wollen. Wenn die beteiligten Lehrkräfte nicht mitziehen, werden solche administrativen Anstrengungen alle im Sande verlaufen. Damit die Veränderung der Schule zu einem nachhaltigen und erfolgreichen Projekt wird, bedarf es Menschen, die von Ihrer Sache wirklich überzeugt sind. Tatsächlich ist die Inklusion nur etwas für Überzeugungstäter. Sie sind eingeladen, sich auf das Abenteuer einer inklusiven Schule einzulassen. Und Sie sollten dieses Angebot annehmen – solange Ihnen Umfang und Tempo nicht von anderen vorgegeben werden.

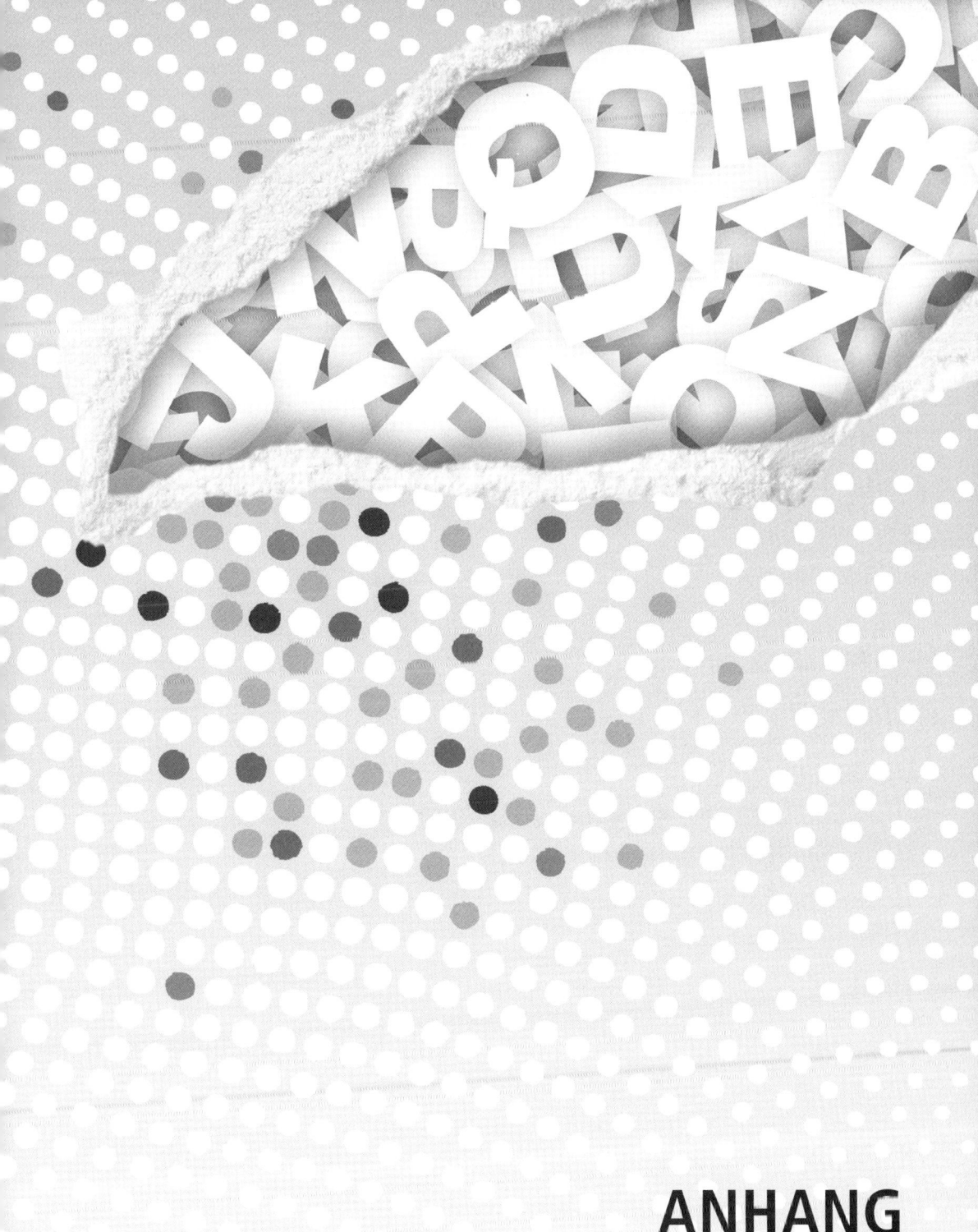

ANHANG

QUELLENVERZEICHNIS (mit Lösungen)

[1] Hans Wocken: Das Haus der inklusiven Schule. Baustellen – Baupläne – Bausteine. Hamburg 2011 (Feldhaus), S. 56

[2] Bundesministerium für Arbeit und Sozialordnung (Hrsg.): Unser Weg in eine inklusive Gesellschaft. Der nationale Aktionsplan der Bundesregierung zur Umsetzung der UN-Behindertenkonvention, S. 213

[3] DUDEN. Die deutsche Rechtschreibung. Mannheim 2006 (Bibliographisches Institut/Brockhaus)

[4] Jonas Lanig: Differenzierung im Klassenzimmer. Methoden gegen die Uniformität des Lernens. Berlin und Stuttgart 2012 (Raabe), S. 3f

[5] Gemeinsame Grundsatzposition der Initiative „Länger gemeinsam lernen." Fundort: **www.laenger-gemeinsam-lernen.de**

[6] Ingrid Ahlring: Vielfalt als Chance, in I.A. (Hrsg.): Differenzieren und individualisieren. Braunschweig 2002 (Westermann), S. 12

[7] PISA hat Leseschwäche offenbart. Zum Stand der Lesekompetenz deutscher Kinder und Jugendlicher. Fundort: **www.lesen-in-deutschland.de**

[8] Barbara Käsmann: Hinweise für Lehrer sehbehinderter Schüler an Regelschulen. Fundort: **www.integrationskinder.org**

[9] Unterricht in Klassen mit hörgeschädigten und hörenden Schülerinnen und Schülern. Fundort: **www.best-news.de**

[10] 50 Tipps für den klugen Umgang mit ADS im Klassenzimmer. Fundort: **www.landeselternrat-sachsen.de**

[11] Institut für Legasthenie- und Lerntherapie München: Förderung von Kindern mit Legasthenie/LSR im Unterricht. Fundort: **www.legasthenie-therapie-muenchen.de**

[12] Brief des Bayerischen Staatsministeriums für Unterricht und Kultus an die Gymnasien in Bayern vom 10. Dezember 2006, S. 5

[13] Die 28 Begriffe sind eine Ausbeute aus den folgenden Gespenstergeschichten:
- „Die Maske des Roten Todes" von Edgar Allan Poe,
- „Eine Gespenstergeschichte" von Mark Twain,
- „Das Gespenst im Aktenschrank" von Charles Dickens.

Diese drei Erzählungen finden sich in: Eva Raupp-Schliemann (Hrsg.):
Das große Gespensterbuch. München 1999 (Langen-Müller)

[14] Wolfgang Mieder: Verdrehte Weisheiten. Antisprichwörter aus Literatur
und Medien. Wiesbaden 1998 (Quelle & Meyer), S. 211

[15] Mieder: a.a.O.

[16] Und das waren die gesuchten Märchen:

1: Hänsel und Gretel – 2: Rotkäppchen – 3: Dornröschen – 4: Aschenputtel –
5: Rumpelstilzchen – 6: Der Wolf und die sieben Geißlein – 7: Schneewittchen
– 8. Sterntaler – 9: Frau Holle – 10: Rapunzel – 11: Hans im Glück –
12: Tischlein, deck dich – 13: Das Märchen vom Fischer und seiner Frau –
14: Schneeweißchen und Rosenrot – 15: Der Teufel mit den drei goldenen
Haaren – 16: Das Wasser des Lebens – 17: Allerleirauh – 18: Der treue
Johannes

[17] Heinrich Pestalozzi: Kritische Ausgabe, begründet von Arthur Buchenau, Eduard
Spranger und Hans Stettbauer, Berlin und Zürich 1927 – 1996, Band 24 A, S. 19

[18] Der kleine Hey: Die Kunst des Sprechens. Mainz 2006 (Schott), S. 21

[19] Matthew Richardson: Das populäre Lexikon der ersten Male. Frankfurt am Main
2000 (Eichborn)

[20] Wocken, S. 124

[21] Heinrich Pestalozzi: Kritische Ausgabe, Band 13, S. 30

[22] Fundort: **www.bravo.de**

[23] Joachim Ringelnatz: Gedicht in Bi-Sprache, in: Karl Otto Conrady: Das große
deutsche Gedichtbuch, Düsseldorf und Zürich (Artemis) 2000, S. 627

[24] Christian Morgenstern: Das große Lalula, in: C.M.: Alle Galgenlieder, Frankfurt am
Main, Olten, Wien 1984 (Büchergilde), S. 23

[25] Und hier sind die Fehler, die beim Fließband erkannt werden müssen:

Zeile 1: Lesemufel; Zeile 2: ausdauer; Zeile 3: alllem; Zeile 4: wissenschaflich;
Zeile 5: alle Jungen; Zeile 6: beispeil (2); Zeile 7: gelessen; Zeile 8: aus
Freien Stücken; Zeile 8: druck; Zeile 9: offensichlich; Zeile 10: Geschichen;

Fortsetzung ▶▶

Zeile 11: beschäfftigen; Zeile 12: Comicks; Zeile 12: folgen; Zeile 13: schechter; Zeile 14: ließt; Zeile 14: mit dem schreiben; Zeile 14: Propleme; Zeile 15: leseverhalten; Zeile 15: Forbildern; Zeile 17: Lehrkräfften; Zeile 17: weis; Zeile 18: liber; Zeile 18: Kolegen; Zeile 18: auserdem; Zeile 20: interressieren; Zeile 20: Wenige; Zeile 22: Regahle; Zeile 24: Einiges; Zeile 24: regelmässig; Zeile 25: Efrahrungen; Zeile 26: das lesen; Zeile 26: nichts unmännliches; Zeile 27: angebohten; Zeile 28: Hororgeschichten; Zeile 29: jungen; Zeile 30: unbedint; Zeile 30: Prinzesin

26 Franz Ringeis: 25 Rindviecha. Fundort: **www.die-lese-ecke.de**

27 Fitzgerald Kusz: Feich. aus: Fitzgerald Kusz: Der Vollmond über Nämberch. Die besten Gedichte aus 40 Jahren. Cadolzburg 2009 (ars vivendi)

28 Komm doch e bess'che und setz dich e bess`che. Fundort: **www.vemuk.de**

29 Günther Jatzkowski: Hunnert Kilo uppe Waage. Fundort: **www.myheimat.de/burgdorf**

30 Hanno Kluge: Dr Vaddr schaffd. Aus dem Buch „Kommet noh rei" von Hanno Kluge, © Silberburg-Verlag, Tübingen 2004/2013

31 Time Budget 12 (1999–2005). Fundort: **www.sevenonemedia.de**

32 ARD/ZDF-Langzeitstudie Massenkommunikation. Fundort: **www.sueddeutsche.com**

33 JIM-Studie 2009. Fundort: **www.mpfs.de**

34 Frank Herold: Statistik zum Radiokonsum. Fundort: **radio – pr.com**

35 BITKOM (Bundesverband Informationswirtschaft, Telekommunikation und neue Medien e.V.): Jugend 2.0. Eine repräsentative Untersuchung zum Internetverhalten der 10–18-Jährigen, S. 19

36 Heinz Klippert: Heterogenität im Klassenzimmer. Wie Lehrkräfte effektiv und zeitsparend damit umgehen können. Weinheim und Basel 2010 (Beltz), S. 169

37 „Kevin bekommt schlechtere Noten", in: Frankfurter Allgemeine Zeitung vom 18. September 2009

THEMEN UND METHODEN

Curricularer Schwerpunkt	Themen des Unterrichts	Eingesetzte Methoden	Geeignete Klassenstufen	Zeitlicher Umfang	Seite
Kommuni-kation	Kommunikative Erfahrungen	Lexikon der ersten Male	9.–10. Klasse	3 Stunden	88
	Männersprache – Frauensprache	Innenkreis-Außenkreis	11.–13. Klasse	1 Stunde	109
Sprache	Namen	Lernspirale	7.–9. Klasse	4 Wochen	116
	Dialekte	Gruppen-Puzzle	7.–10. Klasse	4 Stunden	131
Erzählen	Gespenstergeschichte	Schneeballgeschichte	5.–7. Klasse	1 Stunde	35
Präsentieren	Gedichte vortragen	Lerntandem	7.–10. Klasse	3 Stunden	118
	Referate vorbereiten	Methodenführer-schein	9.–13. Klasse	1 Jahr	83
Lesen	Diskontinuierliche Texte	Textdetektive	8. bis 10. Klasse	3 Stunden	136
	Bibliotheken	Enzyklopädisches Fließband	8.–10. Klasse	2 Stunden	50
Schreiben	Schreiberfahrungen	Schwarz-Rot-Gold	8.–10. Klasse	3 Stunden	79
	Briefe	Adventskalender	6.–8. Klasse	2 Stunden	27
	Argumentieren	Info-Büfett	8.–10. Klasse	4 Stunden	38
	Nachkorrektur	Fließband	6.–9. Klasse	3 Stunden	127
Grammatik und Rechtschrei-bung	Wortarten	ABC-Aufgaben	5.–7. Klasse	2 Stunden	61
	Verben	Gruppen-Mindmap	5.–7. Klasse	2 Stunden	115
	Satzgrammatik	Lerntreppe	5. – 8. Klasse	6 Stunden	57
	S-Laute	Ampel	5.–7. Klasse	2 Stunden	65
Literatur	Märchen	Leiteraufgaben	7.–9. Klasse	1 Stunde	53
	Klassenlektüre	Gilden	7.–10. Klasse	3 Stunden	92
	Liebestexte	Sammelsurium	10.– 3. Klasse	2 Wochen	42
	Barock	„Mein Handicap"	8.–10. Klasse	2 Stunden	30

Fortsetzung ▶▶

	Sprichwörter	Additum	6.–9. Klasse	2 Stunden	47
Angewandte Literatur	Deutsch im Alltag	Tauschring	8.–10. Klasse	1 Halbjahr	100
	Szenisches Spiel	Methodenzirkel	8.–10. Klasse	3 Stunden	74
Medien	Tageszeitung	Eckensteher	7.–10. Klasse	1 Stunde	124
	Jugendzeitschriften	Small-Talk	7.–9. Klasse	1 Stunde	113
	Radio	Meth-o-Mat	9.–10. Klasse	6 Stunden	95

MEDIENTIPPS

Literaturtipps

Ingrid Ahlring (Hrsg.):
Differenzieren und individualisieren.
Westermann, 2002.
ISBN 978-3-1416-1001-7

Albert Claßen:
Classroom Management im inklusiven Klassenzimmer.
Verhaltensauffälligkeiten: vorbeugen und angemessen reagieren.
Verlag an der Ruhr, 2013.
ISBN 978-3-8346-2326-3

Free Spirit Publishing Inc. (Hrsg.):
Mit Lernschwierigkeiten und psychischen Auffälligkeiten umgehen – für Regel- und Inklusionsklassen.
Verlag an der Ruhr, 2011.
ISBN 978-3-8346-0936-6

Heinz Klippert:
Heterogenität im Klassenzimmer.
Wie Lehrkräfte effektiv und zeitsparend damit umgehen können.
Beltz, 2010. ISBN 978-3-407-62683-7

Jonas Lanig:
Differenzierung im Klassenzimmer.
Methoden gegen die Uniformität

des Lernens. Raabe, 2012.
ISBN 978-3-8183-0666-3

Mittendrin e.V. (Hrsg.):
Eine Schule für alle. Inklusion umsetzen in der Sekundarstufe.
Verlag an der Ruhr, 2011.
ISBN 978-3-8346-0891-8

Matthias von Saldern (Hrsg.):
Inklusion – Deutschland zwischen Gewohnheit und Menschenrecht.
Books On Demand, 2012.
ISBN 978-3-8482-1525-6

Hans Wocken:
Das Haus der inklusiven Schule.
Baustellen – Baupläne – Bausteine.
Feldhaus, 2011.
ISBN 978-3-925408-37-3

Sonstiges

Ines Boban/Andreas Hinz (Hrsg.):
Index für Inklusion.
Als PDF-Datei herunterzuladen unter:
www.inklusionspaedagogik.de

Hella Wenders (Regie):
Berg Fidel. Eine Schule für alle.
(DVD)